who?

글 최은영

1995년 입문하여 무협, 순정, 극화 등 다양한 분야의 시나리오 작가로 활동하고 있습니다. 《한발 먼저 알자!》, 《스펀지 2.0》, 《과학 지식 만화 Aha!》 등을 작업하였으며 어린이 동산에 《新 오성과 한음》을 연재했습니다.

그림 스튜디오 청비

기발한 상상력을 바탕으로 새롭고 재미있는 콘텐츠를 만들어 내는 만화 창작 집단입니다. 작품으로는 《성철 스님》, 《아 다르고 어 다른 우리말 101가지》, 《반기문 유엔 사무총장의 꿈과 도전》, 《who? 한국사 – 이성계 · 이방원》 등이 있습니다.

감수 경기초등사회과연구회
진로 탐색 감수 이랑(한국고용정보원 전임연구원)
추천 송인섭(숙명 여자 대학교 명예 교수)

who? 세계 인물

마쓰시타 고노스케

개정판 1쇄 인쇄 2024년 11월 11일
개정판 1쇄 발행 2025년 1월 1일

글 최은영 **그림** 스튜디오 청비

펴낸이 김선식
펴낸곳 다산북스

부사장 김은영
어린이사업부총괄이사 이유남
책임편집 박세미 **디자인** 김은지 **책임마케터** 김희연
어린이콘텐츠사업1팀장 박정민 **어린이콘텐츠사업1팀** 김은지 박세미 강푸른
마케팅본부장 권장규 **마케팅3팀** 최민용 안호성 박상준 김희연
편집관리팀 조세현 김호주 백설희 **저작권팀** 이슬 윤제희 **제휴홍보팀** 류승은 문윤정 이예주
재무관리팀 하미선 김재경 임혜정 이슬기 김주영 오지수
인사총무팀 강미숙 이정환 김혜진 황종원
제작관리팀 이소현 김소영 김진경 최완규 이지우 박예찬
물류관리팀 김형기 김선민 주정훈 김선진 한유현 전태연 양문현 이민운

출판등록 2005년 12월 23일 제313-2005-00277호
주소 경기도 파주시 회동길 490
전화 02-704-1724 **팩스** 02-703-2219
다산어린이 카페 cafe.naver.com/dasankids **다산어린이 블로그** blog.naver.com/stdasan
종이 신승INC **인쇄** 북토리 **코팅 및 후가공** 평창피앤지 **제본** 대원바인더리

ISBN 979-11-306-5818-6 14990

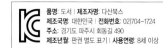

품명: 도서 | **제조자명**: 다산북스
제조국명: 대한민국 | **전화번호**: 02)704-1724
주소: 경기도 파주시 회동길 490
제조년월: 판권 별도 표기 | **사용연령**: 8세 이상

※ KC마크는 이 제품이 공통안전기준에 적합하였음을 의미합니다.

마쓰시타 고노스케

Matsushita Konosuke

다산
어린이

자신만의 멘토를 만날 수 있는 who? 시리즈

다산어린이의 〈who?〉 시리즈는 어린이들은 물론 어른들에게도 재미와 감동을 주는 교양 만화입니다. 〈who?〉 시리즈는 전 세계 인류에 영향력을 끼친 인물들로 구성되었으며 인물들의 삶과 사상을 객관적으로 전해 줍니다.

이처럼 다양한 나라와 분야에서 활약한 위인들의 이야기를 통해 과학, 예술, 정치, 사상에 관한 정보는 물론이고, 나라별 문화와 역사까지 배우게 될 것입니다. 〈who?〉 시리즈의 가장 큰 장점은 위인들이 그들의 삶에서 겪은 기쁨과 슬픔, 좌절과 시련, 감동을 어린이들이 함께 느낄 수 있다는 것입니다. 어린이들은 이 책을 읽으면서 폭넓은 감수성을 함양하게 됩니다.

〈who?〉 시리즈의 어린이 독자들이 책 속의 위인들을 통해 자신만의 멘토를 만나 미래의 세계적인 리더로 성장하기를 진심으로 응원합니다.

존 덩컨 미국 UCLA 동아시아학부 교수

존 덩컨(John B. Duncan) 교수는 한국학 분야의 세계적인 석학으로 미국 UCLA 한국학 연구소 소장 및 동 대학의 동아시아학부 교수를 겸직하고 있습니다. 하버드 대학교 교환 교수와 고려 대학교 해외 교육 프로그램 연구센터장을 역임했으며, 주요 저서로는 《조선 왕조의 기원》, 《조선 왕조의 시민 행정의 제도적 기초》 등이 있습니다.

세상을 더 나은 곳으로 만든
사람들의 이야기

어린이들은 자라면서 수많은 궁금증을 가지게 됩니다. 그중에서도 "저 사람은 누굴까?"라는 질문은 종종 아이들의 머릿속을 온통 지배해 버리기도 합니다. 다산어린이에서 출간된 〈who?〉 시리즈는 그런 궁금증을 해결해 주기 위해 지구촌 다양한 분야의 리더들을 소개하고 있습니다.

〈who?〉 시리즈에 등장하는 인물들은 인종과 성별을 넘어 세상을 더 나은 곳으로 만든 사람들입니다. 어린이들은 이 책에서 디지털 아이콘으로 불리는 스티브 잡스는 물론 니콜라 테슬라와 같은 천재 발명가를 만날 수 있습니다.

책 속 주인공들의 어린 시절 이야기를 통해 기쁨과 슬픔, 도전과 성취감을 함께 맛보고, 그들과 함께 성장하면서 스스로 창조적이고 인류에 도움이 되는 사람이 되겠다는 포부와 자신감을 갖게 될 것입니다.

〈who?〉 시리즈 속에서 다채롭고 생동감 넘치는 위인들의 이야기를 만나 보세요.

에드워드 슐츠 하와이 주립 대학교 언어학부 교수

에드워드 슐츠(Edward J. Shultz) 하와이 주립 대학교 언어학부 교수는 동 대학의 한국학센터 한국학 편집장을 역임한 세계적인 석학입니다. 평화봉사단 활동의 하나로 한국에서 영어 교사로 근무한 경험이 있으며, 현재 한국과 미국, 일본을 오가며 활발한 활동을 펼치고 있습니다. 저서로는 《중세 한국의 학자와 군사령관》, 《김부식과 삼국사기》 등이 있고, 한국 중세사와 정치에 대한 다수의 기고문을 출간했습니다.

미래 설계의 힘을 얻는 길이 여기에 있습니다

어린이가 성장하는 시기에는 스스로 미래를 설계하며 다양한 책을 접하는 경험이 필요합니다.

어린 시절 만난 한 권의 책이 인생에 미치는 영향이 얼마나 큰지는 꿈을 이룬 사람들의 말을 통해서 알 수 있습니다. 빌 게이츠는 오늘날 자신을 만든 것은 동네의 작은 도서관이었다고 말하고, 오프라 윈프리는 어린 시절 유일한 친구는 책이었음을 고백하며 독서의 중요성에 대해 이야기합니다.

꿈을 이룬 사람들의 공통점은 또 있습니다. 그들에게는 어린 시절, 마음속에 품은 롤 모델이 있었습니다. 여러분의 롤 모델은 누구인가요? 〈who?〉 시리즈에서는 현재 우리 어린이들이 가장 닮고 싶어하는 롤 모델을 만날 수 있습니다. 버락 오바마, 빌 게이츠, 조앤 롤링, 스티브 잡스 등 세상을 바꾼 사람들의 감동적인 이야기를 담은 〈who?〉 시리즈는 어린이들이 구체적인 목표를 설정하고 희망찬 비전을 세울 수 있도록 도와줄 친구이면서 안내자입니다. 〈who?〉 시리즈를 통하여 자신의 인생 모델을 찾고 미래 설계의 힘을 얻을 수 있습니다.

송인섭 숙명 여자 대학교 명예 교수

숙명 여자 대학교 명예 교수이자 한국영재교육학회 회장으로 자기주도학습 분야의 최고 권위자입니다. 한국교육심리연구회 회장, 한국교육평가학회장, 한국영재연구원 원장을 역임했습니다. 자기주도학습과 영재 교육의 이론을 실제 교육 현장에 적용하기 위해 노력하고 있습니다.

평생을 이끌어 줄
최고의 멘토를 만날 수 있는 책

10대에 가장 중요한 것은 무엇일까요? 학과 공부와 입시일까요? 우리나라 최초의 국제회의 통역사로 30년 동안 활동하면서 글로벌 리더들을 만날 기회가 수없이 많았던 저는 대한민국의 초등학생들에게 특별한 조언을 해 주고 싶습니다. 그것은 큰 꿈을 가지는 것이 무엇보다 중요하다는 것입니다.

꿈은 힘들고 지칠 때 나를 이끌어 주는 힘이고 내 인생의 주인이 되어 일어설 수 있게 하는 원동력이 되어 줍니다. 꿈이 있는 아이가 공부도 잘하고 결국 그 꿈을 실현할 수 있게 되는 것입니다. 저 역시 어린 시절 품었던 꿈이 지금의 자리에 있게 한 원동력이었습니다. 남들이 모르는 큰 꿈을 마음속에 간직하고 있었기에 괴롭고 힘들어도 포기하지 않고 다시 일어설 수 있었습니다.

어린 시절 저에게도 힘들고 지칠 때마다 용기를 불어넣어 주고 힘이 되어 주었던 분들이 있었습니다. 지금의 자리로 저를 이끌어 준 멘토들처럼 〈who?〉 시리즈에서 여러분의 친구이자 형제, 선생이 되어 줄 멘토를 만날 수 있기를 바랍니다.

최정화 한국 외국어 대학교 교수

우리나라 최초의 국제회의 통역사로 현재 한국 외국어 대학교 통번역대학원 교수로 재직 중입니다. 세계 무대에서 자신의 꿈을 이룬 여성 신화의 주인공으로, 역시 세계에서 꿈을 펼치려고 하는 청소년들에게 멘토로서의 역할을 충실히 하고 있습니다. 저서로는 《외국어 내 아이도 잘할 수 있다》, 《외국어를 알면 세계가 좁다》, 《국제회의 통역사 되는 길》 등이 있습니다.

차 례

Matsushita Konosuke

등장 인물

- 이름: 마쓰시타 고노스케
- 생몰년: 1894~1989년
- 국적: 일본
- 직업·활동 분야: 경영
- 주요 업적: 마쓰시타 전기 (현 파나소닉) 창업

마쓰시타 고노스케

마쓰시타 고노스케는 갑자기 기운 가정 형편에 힘든 어린 시절을 보냈습니다. 성실함과 도전 정신을 갖추고 새로운 사업을 성공적으로 키웠지만, 불황과 전쟁이라는 고비를 맞닥뜨리지요. 마쓰시타 고노스케는 어떻게 어려움을 이기고 세계가 주목하는 '경영의 신'이 될 수 있었을까요?

이우에 무메노

19세에 마쓰시타 고노스케와 중매로 만나 결혼해, 이후 생을 함께했습니다. 어려운 상황에서도 타고난 검소함과 성실함으로 남편을 도와 사업을 일으킵니다.

다카하시 아라타로

마쓰시타 전기의 임원으로, 고노스케의 든든한 오른팔 역할을 했습니다. 필립스와의 기술 제휴 협상을 성공적으로 이끌었고, 나중에는 마쓰시타 전기의 회장 자리에 올라 고노스케의 경영 철학을 이행하는 인물입니다.

들어가는 말

- 일본의 경제 성장을 주도하고, 지금의 파나소닉을 있게 한 경영자 마쓰시타 고노스케에 대해 알아봅시다.
- 제2차 세계 대전 전후의 일본과 경제 발전에 대해 살펴보아요.
- 마쓰시타 고노스케가 회사를 세우고 키워 가는 모습을 통해서, 오늘날 CEO가 하는 일에 대해 알아봐요.

1 울보 도련님

1894년 11월, 동아시아의 패권을 둘러싼 청일 전쟁에서 일본의 승리가 확정되어 갈 무렵이었습니다.
여러분, 청나라와의 전쟁이 조만간 우리의 승리로 끝날 것 같다고 합니다.
정말 다행입니다!
하늘이 도왔어요!
마쓰시타 의원님!
무슨 일인가?
마님께서 아이를 낳으시려고 해요!
뭐라고?

마쓰시타 고노스케는 와카야마현 와사무라의 한 유복한 농가에서 3남 5녀 중 막내로 태어났습니다.
응애!
응애!
하하하! 우리 마쓰시타 집안의 막둥이로구나!
응애!
응애!
그렇게 좋으세요?
오늘은 기쁜 소식의 연속이구려. 수고했소, 여보!
아우, 시끄러워! 쟤는 울보가 되려나 봐!
응애!
응애!
원래 아기들은 다 그래.

마쓰시타는 집안의 막내로 귀여움을 독차지하며 자랐습니다.
고노스케야, 많이 먹고 튼튼히 자라야지.
이야, 멋지네!
우리 막내 잘한다.
고노스케, 넌 집에 있으라니까 왜 따라왔어?
나도 형 따라갈래.
아얏!
앗, 차가워!
으앙! 형, 나 넘어졌어.
저 울보! 또 울음보가 터졌네.

형아, 뭐 해?
팽이치기!
빙글빙글,
신기하네!
나도 해 볼래.
넌 아직 못 해.
으앙! 싫어!
나도 해 보고
싶단 말이야.
어휴, 저 고집쟁이.
알았어. 졌다, 졌어.
고노스케,
저녁 먹어라!
이따 먹을게요.
지금은 팽이치기
연습할 거예요!

*유랑 극단: 떠돌아다니며 연극을 공연하는 단체

고노스케는 눈물도 많고 고집도 셌지만 한번 호기심이 생기면 끝까지 해내고 마는 끈기 있는 아이였습니다.
아버지, 이 논밭이 전부 우리 것이에요?
그럼, 저기 보이는 저 산도 모두 우리 땅이란다.
안녕하세요, 의원님! 아이들이 많이 자랐네요.
안녕하십니까! 건강하시지요?
고노스케, 어디 가니?
마을에 *유랑 극단이 왔대서 구경하러 간다!
유랑 극단? 우아, 재밌겠다.
우리도 구경하러 가고 싶다.

웬 사람들이
저렇게 모여 있지?
미두꾼들이랍니다.
곡식을 거래해
돈을 버는 사람들
말입니까?
흉년이 들면 쌀값이 오르니
미리 사 두었다가 비싸게
팔려는 것이지요. 수십 배나
이득을 챙길 수 있다더군요.
수십 배나?
잘하면
큰돈을 벌 수
있겠는걸!
의원님도 한번
해 보시지요?
그럼 재미 삼아
투자해 볼까요?
여보, 아이들과
먼저 구경하고 있어요.
아빠!
여보!

조상 대대로 물려받은 땅과 지역 의원을 지내는 아버지 마사쿠스 덕분에 부족할 것 없이 지내던 마쓰시타 집안에 불행의 그림자가 드리워지기 시작했습니다.
여보, 안 돼요!
당신, 또 미두 거래소에 가려는 거죠!
지난번 손해 본 금액을 되찾으려면 이 방법밖에 없단 말이오!
그래도 집문서는 안 돼요!
어허! 남편 하는 일에 왜 이리 말이 많소?
믿고 기다려요!
여보!
집문서 가져왔소! 전부 쌀로 바꿔 주시오!
아버지 마사쿠스는 쌀 투기에 빠져 논밭과 집 등 전 재산을 날리고 말았습니다.

엄마,
어딜 가는 거예요?
이사 가는
거란다.
그런데 왜
밤에 가요?
아빠가 빚을 져서 사람들이
잠든 밤에 도망치는 거야.
빚이 뭐야?
쉿, 조용히 해. 아빠
들으실라!
아빠가 열심히
장사해서 곧 집을 되찾아
줄 테니, 너무 걱정하지
말거라.
네…….

도망치듯이 떠나온 고노스케의 가족은 와카야마 시내 뒷골목의 가장 좁은 셋집에 자리를 잡고 조그만 신발 가게를 차렸습니다.
손님이 너무 없군.
이래서는 집을 되찾기는커녕 입에 풀칠하기도 힘들겠어.
고노스케, 가게 좀 보고 있어라.
네, 아빠!
이번이 진짜 마지막이다!

아버지의 투기로 결국 신발 가게마저 문을 닫게 되자 마쓰시타 집안의 살림은 더욱 궁핍해졌습니다.
어떻게 이 아이들을 먹이고 키워야 하나…….
어머니, 저 공장에 취직했어요.
공장이라니? 학교는 어쩌고?
집안 형편이 먼저지요. 학교는 나중에 다녀도 돼요.
학교에서 수재 소리를 듣는 네가 학교를 그만두다니……. 절대 안 된다.
장남인 제가 어떻게든 돈을 벌어야 가족이 굶지 않을 수 있잖아요.
너한테 정말 미안하구나.

그러나 마쓰시타 집안의 불행은 끝나지 않았습니다.
이사부로!
형아!
1900년, 감기에 걸린 둘째 하치로가 열일곱 살의 나이로 *요절하고, 이듬해 봄엔 둘째 딸 후사에가, 마침내 집안의 기둥이었던 맏아들 이사부로마저 갑자기 세상을 떠나고 만 것입니다.
엄마의 저런 모습은 처음 봐.
여보!
어머니!
아빠가 모든 재산을 날리고 가게까지 망하게 했어도 저렇게 힘들어하지는 않으셨는데…….
나라도 엄마의 힘이 되어 드려야겠어. 이제 이 집에 아들은 나밖엔 없는 걸.
어린 나이였지만 고노스케는 어머니를 지켜야겠다고 다짐했습니다.

*요절: 젊은 나이에 죽음

1901년. 고노스케는 소학교에 다니게 되었습니다.
학교 다녀오겠습니다!
여보, 나는 아무래도 오사카로 가야 할 것 같아요.
무슨 일이라도 생긴 거예요?
오사카 *맹아원에 일자리가 있다는구려.
내가 맹아원에 취직하면 고정적인 수입이 생기니 형편이 좀 나아지지 않겠소?
고생스럽더라도 당분간 아이들을 혼자 돌봐 주시오.
어쩔 수 없지요.

*맹아원: 시각 장애인들을 수용하여 돌보는 시설

몸조심하세요.
하지만 아버지가 오사카로 떠난 지 몇 년이
흘러도 가정 형편은 나아지지 않았습니다.
아빠 편지예요?
그렇구나!
잘 지내신대요?
어서 읽어 보세요,
어머니!
원, 녀석도!

여보, 잘 지내고 있소?
아무래도 고노스케를 취직시켜야겠소.
지금 오사카의 화로 가게에서
점원을 구하고 있다오.
고노스케가 아직 어린 나이지만,
남들보다 빨리 기술을 익히면
제 앞가림 정도는 할 수 있지 않겠소?
좋은 기회인 것 같으니 당장 오사카로
보내 주었으면 하오.
-마사쿠스-
!
이 어린아이를 어떻게…….
왜 그러세요, 어머니?
아버지가 널 오사카로 보내라는구나.
오사카요? 학교는 어떡하고요?

1904년 11월.
고노스케는 학교를 중퇴하고 아버지가 있는 오사카를 향해 떠나게 되었습니다.
제 아이가 혼자서 오사카까지 가야 해서요.
부탁합니다. 좀 보살펴 주세요.
꼬마 혼자 기차 여행이라니, 대단한걸?
꼬마 아니에요.
도착하면 아버지가 마중 나와 있을 거야.
혼자라고 울지 말고. 응?
걱정하지 마세요, 어머니.

삐이익!
고노스케, 몸조심하거라!
편지할게요! 엄마!
…….
아저씨, 오사카까지는 아직 멀었나요?
네댓 시간은 더 가야 한단다.
그렇게 멀어요?
한숨 자고 일어나면 금방 도착할 거란다.
엄마, 사실은 오사카에 가고 싶지 않아요. 그래도 엄마 생각하면서 울지 않을게요.
고노스케는 어머니를 안심시키려 애써 씩씩한 척 했지만, 불안함을 감출 수는 없었습니다.

아버지!
으아앙!
어이쿠,
우리 아들!
저 다시 돌아가면
안 돼요? 어머니도
보고 싶고, 학교도
가고 싶단
말이에요!
미안하다,
고노스케.
아비가 못나서
어린 너까지
고생을 시키는구나.
하지만,
하루 세끼 밥 먹고 기술까지
배울 방법이 이것뿐이란다.

통합 지식+ 1

마쓰시타 고노스케의 성공 열쇠

마쓰시타 고노스케는 사람을 생각하는 경영 철학으로 성공하여 '경영의 신'이라 불립니다.

'경영의 신'이라 불리는 마쓰시타 고노스케는 일본뿐만 아니라 전 세계적으로 칭송받는 경영자입니다. 가난했고, 배움도 짧았으며 몸도 약했던 마쓰시타 고노스케가 어떻게 그 모든 약점을 극복하고 일본 경제를 좌지우지하는 큰 기업을 만들 수 있었을까요? 또, 살아 있을 때는 물론이고 지금까지도 많은 사람들이 칭송하고 존경하는 경영인으로 남을 수 있었던 이유는 무엇일까요?

하나 성실함

마쓰시타 고노스케는 부유한 집에서 태어났어요. 하지만 아버지가 미곡 투기에 빠져 가진 재산을 모두 잃게 되었고, 많은 빚을 지고 가족들이 모두 뿔뿔이 흩어져 살게 되었습니다. 고노스케의 부모님은 고노스케를 상점에 고용살이를 보내 끼니라도 챙길 수 있도록 합니다. 어린 나이에 학교도 다니지 못하고 남의 집에서 일하는 형편이었지만 고노스케는 성실하게 일했습니다. 고노스케가 자전거 상점에서 일할 때, 그의 성실성과 열정을 보고 자전거를 구입한 손님의 일화는 유명하지요. 전등 회사에서도 고노스케는 주어진 일에 성실하게 임했습니다. 때문에 배움은 짧았지만 다른 사람보다 빨리 승진할 수 있었어요. 고노스케의 성실함은 자기 회사를 만든 이후에도 계속되었습니다. 회사를 세운 뒤 마쓰시타를 눈여겨 본 한 상인은 그에게 짧은 시간 안에 절연체 천 개를 만들어달라고 주문합니다. 쉬운 일이 아니었지만 성실하게 제품을 만들어 낸 마쓰시타는 고객의 신뢰를 얻었고, 그의 회사가 크게 발전할 수 있는 계기가 되었답니다.

마쓰시타 고노스케의 서명

둘 기회를 포착하는 능력

자전거 상점에서 일하던 고노스케는 어느 날 전차를 접하게 되었습니다. 그때까지만 해도 전기는 요즘처럼 사람들의 일상생활과 가깝지 않았어요. 전기를 사용하는 것은 물론 전기를 이용한 전자 제품도 요즘처럼 많았던 시절이 아니었습니다.

전차를 처음 타 본 고노스케는 앞으로 전기의 시대가 올 것을 예견합니다. 전기를 이용해 편리한 생활을 하게 될 것이라고 생각한 고노스케는 자전거 가게를 그만두고 전기에 대해 배울 수 있는 회사에 취직했어요.

고노스케는 전기에 대해 배운 뒤 회사를 차려 다양한 전기 관련 제품들을 만들어 냈습니다. 그의 회사에서 만든 제품은 일본의 전기, 전자 제품 시장을 이끌어 나갔습니다.

고노스케가 이룩한 성과는 지금까지도 일본 사람들의 생활 모습을 바꾼 것은 물론, 일본 경제에서 중요한 부분을 차지하고 있습니다.

마쓰시타 고노스케가 만든 쌍소켓. 당시는 집에 콘센트가 많지 않아 선풍적인 인기를 끌었습니다.

마쓰시타 고노스케의 동상 ⓒ Buro Destruct

who? 지식사전

마쓰시타 고노스케가 태어난 와카야마현

와카야마현은 오사카, 교토와 같은 간사이 지역에 위치한 일본 최대의 반도인 기이반도에 자리잡고 있습니다. 온화한 기후로 귤, 감, 매실 등의 과일은 일본 제일의 생산을 자랑하며, 참치와 가다랑어 등의 신선한 해산물을 포함한 농림 수산업이 활발합니다.

와카야마현은 온천 여행지로 산이나 강, 특히 바닷가에 위치한 많은 온천이 있어서 여행자들이 많이 찾는 곳입니다. 2004년 7월 7일 유네스코 세계 유산으로 등록된 기이산지의 영지와 참배길이 관광지로 유명합니다.

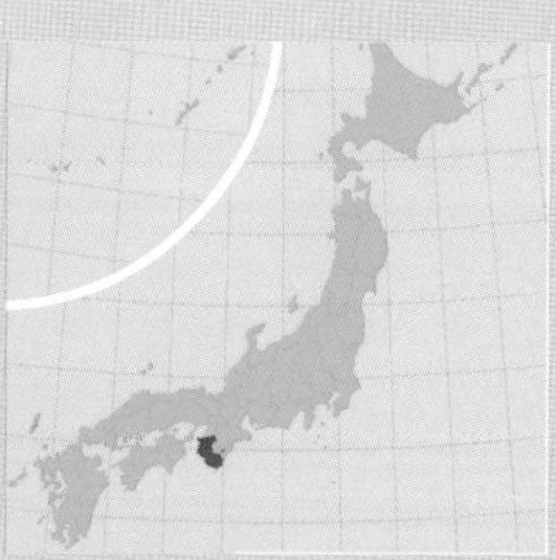

와카야마현의 위치 ⓒ Lincun

셋 도전 정신

고노스케는 신중하고 조용한 성격이었지만, 사업과 일에 있어서만큼은 끊임없이 도전하는 사람이었습니다. 그는 수많은 발명품을 만들었을 뿐 아니라 새로운 경영 방식과 영업 방식을 적용했습니다. 이전까지 사람들이 생각하지 못했던 수많은 새로운 생각들에 도전했지요.

Panasonic ideas for life

파나소닉(마쓰시타 전기의 현재 명칭)의 로고

제품 면에서 그는 마쓰시타식 개량 소켓, 쌍소켓, 어태치먼트 플러그(전선의 코드 끝에 달아서 콘센트에 연결하는 플러그), 어두운 밤에도 오랫동안 앞을 비출 수 있는 자전거 램프 등 다양한 발명품을 만들어 냈습니다. 또, 영업 방식에 있어서는 제품을 대량으로 생산해서 원가를 절감하고, 소비자도 싼 가격에 물건을 살 수 있도록 했어요. 이외에도 그는 정가 판매 제도를 도입해서 영업소 간 과도한 가격 경쟁을 막았고, 일본의 대기업으로서는 최초로 주 5일 근무제를 적용하기도 했습니다. 이러한 도전 정신이 있었기에, 마쓰시타 전기는 지진이나 패전과 같은 어려운 상황에서도 방법을 찾고, 크게 성장할 수 있었습니다.

파나소닉 본사 안에 있는 마쓰시타 고노스케 박물관 © Ohgi

who? 지식사전

일본의 수도 도쿄 © Kure

일본의 중심 도시, 도쿄

도쿄는 인구 1,300만 명이 살고 있는 세계적인 대도시입니다. 정치, 경제, 문화 등 다양한 분야에 걸쳐서 일본의 중심이자 정보의 발신지이기도 합니다.
지형적으로는 일본 열도의 거의 중앙에 위치하고 있으며, 면적은 오사카, 가가와현에 이어 3번째로 크지만, 인구는 일본 전체의 약 9.6%를 차지하여 가장 많습니다. 도쿄는 정치·외교의 중심인 동시에 인구뿐만 아니라 산업·문화 등이 가장 집중된 도시입니다. 또한, 국제 금융 도시로써 세계 경제에도 큰 영향을 미치고 있습니다.

넷 다른 사람들과 함께 나누는 마음

오늘날 성공한 사업가, 경영의 신이라는 수식어로 불리는 마쓰시타 고노스케는 사업과 경영에 있어 엄청난 성과를 거두었을 뿐 아니라 많은 이에게 존경받았습니다.
고노스케가 존경받는 이유는 부를 축적하고 성과를 내는 것에서 그치지 않고 함께 일하는 사람들이 행복한 환경을 만들기 위해 노력했기 때문입니다.
고노스케는 직원들이 행복한 회사를 만들어야 한다고 생각했습니다. 회사가 아무리 어려워도 가능하면 직원을 해고하거나, 급여를 줄이지 않으려 했어요.
대리점이나 협력 관계에 있는 작은 기업들과도 공존하는 회사를 만들기 위해 노력했습니다. 1923년, 일본에 큰 지진이 나서 많은 사람이 죽거나 다쳤고, 도시는 아비규환(여러 사람이 비참한 지경에 빠져 울부짖는 상황)이었습니다. 많은 것이 파괴되어 물건 값이 폭등한 상황에서 고노스케는 상점에서 받아야 할 돈은 오히려 깎아주었고, 제품 가격은 유지했어요. 어려운 상황에 있는 상인들을 배려한 것이지요.
고노스케는 직원 등 함께 일하는 사람을 위한 일에서 한발 나아가 일본 사회를 위해서도 일했습니다. 그는 '번영을 통한 평화와 행복(Peace and Happiness through Prosperity)'을 뜻하는 PHP 운동을 펼쳤는데, 이곳에서는 인간의 본성을 연구하고, 정치인에게 국민을 위한 정책을 제안했어요. 또 말년에는 마쓰시타 정경 학원을 만들어 능력을 갖춘 정치 지도자가 세워질 수 있도록 했어요. 그는 이렇듯 나라와 국민들을 위해 일하며, 자신이 이룬 성과와 부를 일본 사회와 국민들을 위해 사용하고자 했습니다.

마쓰시타 고노스케가 설립한 마쓰시타 정경 학원

마쓰시타 고노스케는
직원, 협력 업체와 공존하며
회사를 경영했어.

2 꼬마 점원

1904년, 열 살의 어린 고노스케가 화로 가게에서 맡은 일은 집 주인의 아기를 돌보며 틈틈이 화로를 닦고 잔심부름을 하는 것이었습니다.
아얏!
손등이 또 까졌어.
아직도 다 못 닦았나? 그러다 날 새겠다!
헛! 죄송합니다.

고노스케! 배달
좀 다녀오렴!
네!
호오~
집에 있었으면 어머니가
약 발라 주셨을 텐데…….
어머니……!

고노스케는 고된 일보다도 가족에 대한 그리움 때문에 우는 날이 많았습니다.
어머니, 보고 싶어요!
음냐~
윽!
아우, 무거워!
!
흐흐흑! 또 오줌을 쌌어. 아주머니한테 혼날 텐데…….

으아앙!
어머니, 보고 싶어요!
뭐, 뭐야!
무슨 일이야?
집에 가고 싶어요.
으아아앙!
푸하하!
오줌 쌌구나!
아, 시끄러워!
잠 좀 자자! 잠 좀!
괜찮아. 네 나이 땐
실수할 수 있어!

어젯밤에 또 지도를 그렸다고?
죄송해요.
고노스케, 힘든 일도 참고 열심히 하다 보면 언젠간 웃을 날이 올 거야.
정말요?
물론이지! 그러니까 앞으론 울면 안 되겠지?
네, 아주머니.
보름 동안 수고했다. 아껴 쓰거라!
고맙습니다.
와아!

아버지! 저 급료 받았어요!
이렇게 큰돈은 태어나서 처음 받아 봐요!
5엔이구나! 그래, 첫 급료를 받은 소감이 어떠냐?
열심히 일한 보람이 느껴져서 뿌듯해요.
하지만 쓰지는 않을 거예요. 군것질로 써 버리기엔 아깝다는 생각이 들었거든요!
그런 생각을 하다니, 기특하구나. 돈이란 쓰기는 쉽지만 모으기는 정말 어려운 법이거든.
나는 그걸 너무 늦게 깨달아서 가족을 고생시키고 말았지.
명심할게요! 아버지.

*고용살이를 시작한 지 3개월 만에 화로 가게가 문을 닫자, 고노스케는 자전거 가게에 *사환으로 들어갔습니다.
여기가 고다이 상점이구나.
장사가 잘되나 봐. 굉장히 바쁘네!
그럼 돈도 많이 벌겠지?
좋아! 그렇다면 나도 열심히 장사를 배우자!
안녕하십니까? 오늘부터 여기서 일하게 된 고노스케라고 합니다!

*고용살이: 남의 집 일을 돌봐 주며 그 집에 함께 사는 일
*사환: 가게나 회사, 관청에서 잔심부름을 해 주는 사람

손님은 왕!
무조건 친절, 또 친절이다!
알겠나?
네, 알겠습니다!
빨리빨리 해!
주문이 밀렸다!
몹시 힘들고 고단한 나날의 연속이었지만 고노스케는 기술을
배운다는 기쁨으로 고된 시간을 이겨 내고 있었습니다.

그러던 어느 날.
고노스케! 어머니한테 편지 왔단다.
아, 안 돼!
고노스케, 무슨 일이니?
아줌마, 우리 누나가 죽었대요!
저런!
으흐흑!
그리고 1909년 9월, 아버지마저 세상을 떠나고 말았습니다.
고생만 시키고 나만 혼자 떠나는구려. 아이들을 부탁하오.
여보, 흑흑…….

고노스케,
못난 아비를
용서해라.
아버지!
아버지!
돌아가시면
안 돼요.
고노스케의 불행은 여기서 끝나지 않았습니다.
살길이 막막해진 어머니가 막내딸을 데리고
재혼하게 된 것입니다
혼자서도 잘
지낼 수 있지?
전 괜찮아요.
어머니만
행복하시면
그걸로 충분해요.
어머니를 잘
보살펴 주세요.
걱정하지 말거라!
어머니,
건강하세요!

모두 날 떠났구나.
형들도 누나들도 아버지도…….
그리고 어머니도 떠났어.
우리 가족이
이렇게 된 건 모두
가난 때문이야.
어머니도 돈이 없어서
날 버리고 떠난 거야…….

어머니와 누나
배웅은 잘했니?
아주머니…….
저 돈 벌 거예요!
돈 많이 벌어서 다시는
가족과 헤어지지
않을 거예요!
이 모든 불행의 원인이 가난이라
여긴 고노스케는 기필코 성공해서
다시는 가족을 잃는 아픔을 겪지
않겠다고 다짐했습니다.

3년 뒤, 고노스케는 처음으로 자전거 판매를 하게 되었습니다.
기다리세요!
어, 저건……?
와아, 이게 말로만 듣던 전차로구나!
전기는 전등 켤 때나 사용하는 건 줄 알았는데, 커다란 전차도 움직이게 하다니 대단해! 언젠가 꼭 한번 타 봐야겠어.

너 같은 꼬마가
자전거를 팔겠다고?
벌써 3년이나 된
경력 사원이라고요.
얼마나 싸게
줄 수 있지?
우리 가게에서는
정가대로만 판매하는데요?
그럼 좀
곤란한데……?
그 대신 저희 가게
자전거는 튼튼하기로
유명합니다.
안장도 넓어서 아주
편안하다고요!
고장 나면 수리도
잘해 드려요.

아무리 그래도 정가라면
굳이 살 이유가 없지.
싸게 파는 가게가 있는지
알아보고 사야겠구나.
내가 맞은 첫 손님인데, 이대로 놓칠 순 없어!
얼마나 할인해 드리면 자전거를 사시겠어요?
10퍼센트 깎아 주면 사마.
안 되면 말고.
할인해 드리겠습니다.
정말? 나중에 딴소리하면 안 돼.
손님과의 약속은 반드시 지켜야 한다고 배웠습니다.
꼬마 녀석이 제법이구나.
그럼, 내일 아침에 우리 집으로 배달해 주렴.
네, 알겠습니다.

하지만 고노스케의 첫 거래는 벽에 부딪치고 말았습니다.
절대 안 돼!
이미 손님과 약속했는데요?
우리 가게의 영업 방침을 알고 있지 않으냐! 네 마음대로 한 약속이니, 나는 모른다.
할인해 주면 다른 곳에도 소개해 주신다고 했어요.
여보, 고노스케가 처음으로 판 것인데 허락해 주지 그래요.
그래도 10퍼센트나 할인해 줄 수는 없어.

좋아.
5퍼센트만
할인해 주지.
그 이상은 안 돼!
10퍼센트 깎아 주겠다고
말했는데 약속을 어기면
전 거짓말한 사람이
되잖아요.
실례합니다!
약속 시간이 지났는데
자전거가 도착하지 않아
찾아왔습니다.
아, 고노스케에게
주문하신 분이군요.
어, 우리 꼬마 점원은
왜 울고 있지?

손님, 10퍼센트 할인해 드리기로 한 약속을 지킬 수 없을 거 같아요. 정말 죄송합니다.
본의 아니게 폐를 끼쳤습니다. 우리 가게는 5퍼센트 이상은 할인해 드릴 수가 없습니다. 저희 집 꼬마의 실수이니, 주문을 취소하셔도 괜찮습니다.
음…….
아니요. 그 가격에 사겠습니다.
네? 5퍼센트밖에 할인을 못 해 드리는데요?
그 대신 저 꼬마 점원에게 사지요. 그리고 이 꼬마가 가게에 있는 한 자전거는 반드시 이곳에서만 사겠습니다.
네?

이 꼬마의 노력에 감탄했습니다. 최선을 다해 설명하고 판매하려 애쓰는 모습에 반했다고나 할까요?
처음 장사를 시작하던 내 젊은 날이 떠오르더군요.
앞으로도 열심히 살아야 한다.
가, 감사합니다.
안녕히 가십시오, 손님!
고노스케, 오늘 네가 영업에 성공한 원인이 뭐라고 생각하니?
음……, 제 진심을 알아주신 것 같아요. 제가 가진 자전거에 대한 자신감이요.

그것도 틀린 말은 아니지. 하지만 더 중요한 것이 있다.
그게 뭐죠?
너는 오늘 저분에게 신뢰를 쌓은 거야.
장사란 단순히 *이윤을 남기기 위해 물건을 사고 파는 것이 아니라, 사람을 남기는 것이지.
바로 오늘처럼 말이다. 너는 오늘 이윤보다 더 귀한 사람을 얻었다는 말이란다.
신뢰를 쌓아 사람을 얻는다!
고용살이를 통해 배운 상인의 도리는 고노스케가 어엿한 상인으로 성장하는 밑거름이 되었습니다.

*이윤: 장사 따위를 하여 남은 돈

통합 지식+ 2

1940~1950년대의 일본

하나 태평양 전쟁

태평양 전쟁은 일본과 연합국 간에 이루어진 전쟁입니다.

태평양 전쟁은 일본과 미국, 영국 등 연합국 간에 이루어진 전쟁이었습니다. 일본의 진주만 공격으로 시작해 1945년 9월 2일 일본이 항복 문서에 서명하기까지를 말합니다.

1941년 12월 7일 일본은 미국 태평양 함대가 있는 미국의 하와이 진주만을 기습 공격했습니다. 진주만을 폭격한 후 일본은 무서운 기세로 동남아시아 지역을 확보했고, 미국의 루스벨트 대통령은 일본의 진주만 공격을 계기로 제2차 세계 대전에 참전하기로 결심했습니다. 태평양을 사이에 두고 일본과 미국 간의 전투가 벌어졌지요.

태평양 전쟁 당시 폭탄 투하 모습

제1차 세계 대전 후 대부분의 나라가 군비를 축소하는 분위기였기 때문에 군사력 부문이 미흡해진 미국은 초반에 일본에게 밀렸습니다. 필리핀에 배치된 미군은 일본군의 공격을 견디지 못해 항복했지요. 이 틈을 노린 일본은 서태평양 전역의 주요 지역을 점령하였습니다. 하지만 많은 자본을 가진 미국이 군수 물자를 쏟아 내기 시작하고, 전술을 개량하면서 상황은 연합국에 유리하게 바뀌어 갔습니다.

1942년 미드웨이 해전에서 일본은 주력 항공모함 4척과 300기 이상의 비행기, 숙련된 조종사를 잃고 막대한 피해를 입었고, 미국이 크게 승리하였습니다. 그리고 결국 1945년 미국의 맥아더 장군은 동남아시아를 되찾았습니다.

미국에 비해 전투기가 부족한 일본은 '가미카제'와 같은 극단적인 방법으로 대응했습니다. 하지만 전세는 이미 기울었고, 1945년 미국은 영국, 중국과 포츠담 선언을 통해 일본에 항복을 요구했습니다. 하지만 일본은 패배를 인정하려 하지 않았어요. 결국 미국은 1945년 8월 8일, 일본 제국에 선전 포고를 합니다. 미국은 일본 본토에 상륙하지는 않았으나, 8월 6일과 9일 두 차례에 걸쳐 히로시마와 나가사키에 원자 폭탄을 떨어뜨렸습니다. 그리고 8월 15일 정오, 일본 천황이 무조건 항복을 선언하면서 제2차 세계 대전은 일본의 패배로 끝나게 되었습니다. 이로 인해 일본의 지배를 받고 있던 만주국은 멸망하였고, 과거 러·일 전쟁의 패배로 러시아가 일본에 나누어 준 사할린섬 남부와 쿠릴 열도를 다시 찾아오게 되었습니다.

1945년 9월 2일, 제2차 세계 대전은 일본의 외무대신 시게미쓰 마모루와 미국 측의 맥아더 장군이 요코하마 근해에 정박한 미 해군 USS 미주리 전함에서 무조건 항복 문서에 서명하면서 완전히 끝났습니다.

1945년 8월 9일 나가사키의 원자 폭탄 투하 당시 핵 구름 모습

1945년 9월 2일 일본 외무대신 시게미쓰 마모루가 USS 미주리 전함에서 항복 문서에 서명하고 있는 모습

who? 지식사전

가미카제

가미카제라는 말은 '신의 바람'이라는 뜻입니다. 제2차 세계 대전에 등장한 가미카제는 적의 군함이나 군사 기지에 일부러 충돌하여 자살한 일본 조종사를 일컫는 말입니다. 가미카제는 제2차 세계 대전 중 수백 척의 함대에 손상을 입혔으나, 효과는 크지 않았습니다. 전쟁에서 이기기 위해 자살이라는 극단적 방법을 내놓은 일본군의 행동에 사람들은 경악했습니다.

1945년 가미카제 전투기의 공격을 당한 미군의 항공모함 © U.S. Navy

둘 전쟁 후 일본

일본의 전후 처리를 맡았던 맥아더 장군

전쟁으로 인한 일본의 사망자만 약 240만 명으로 추정됩니다. 전쟁을 지속하기 위해 생산력과 자원을 동원하느라 공업 생산량도 10퍼센트 전후로 떨어졌고, 인플레이션(물가가 계속 상승해 통화 가치가 떨어지는 일)도 심각했습니다.

패전국이 된 일본은 연합군 총사령부(GHQ)의 통치를 받게 되었습니다. 전쟁 직전까지만 해도 거대한 병력을 자랑했지만, 일본의 육군과 해군은 완전히 해산되었고, 연합군은 전쟁의 책임을 물어 920명의 일본인 전쟁 범죄자에게 사형을, 3,000여 명에게 징역형을 선고했습니다. 이들 중 일부를 제외하고는 모두 석방되었고, 전쟁에 가장 큰 책임이 있다고 여겨진 천황은 처벌받지 않았습니다. 미국으로서는 일본의 정치를 안정적으로 유지할 필요가 있었기 때문이에요.

대신 1946년 1월 히로히토 천황은 자신의 신격을 부정하였고, 천황에게 충성을 강요하는 교과서를 폐지하였습니다. 1947년 5월 3일, 일본 점령군 사령관이었던 맥아더는 일본이 다시는 전쟁을 일으키지 않겠다는 내용을 헌법에 적어 넣어 '평화 헌법'이라고도 불리는 헌법을 만듭니다.

샌프란시스코 강화 조약에 서명하는 요시다 총리

1951년 9월 4일부터 8일까지 일본과 연합국 사이에 평화 조약을 맺기 위해 샌프란시스코 강화 회의가 열렸습니다. 일본을 포함해 참여한 52개국 중 소련, 폴란드, 체코를 제외한 49개국이 대일 강화 조약에 승인하면서 수천만의 목숨을 앗아갔던 태평양 전쟁이 정리되었지요. 일본에 많은 피해를 입었던 한국은 이 회의에 참여하지 않았습니다.

하지만 오늘날까지도 일본은 한국을 비롯한 과거 전쟁 피해 국가들과의 책임 있는 대화를 하지 않고, 역사를 왜곡하는 등 과거에 대한 잘못을 인정하지 않고 있습니다.

셋 6·25 전쟁과 경제 성장

전쟁이 끝나고 일제 식민 지배에서 벗어난 한반도는 곧 소련과 미국이 분할 점령했고, 이념 갈등이 더해져 민족끼리 총을 겨누는 비극적인 전쟁이 벌어지게 되었습니다. 6·25 전쟁은 가슴 아픈 전쟁이었지만 일본은 일종의 '전쟁 특수'를 누리게 되었어요. 태평양 전쟁 이후 혼란스러웠던 경제 상황을 회복할 기회를 얻었지요. 샌프란시스코 강화 회의가 열리게 된 가장 큰 이유 역시 6·25 전쟁이었답니다.

미국은 전쟁을 위한 작전 본부를 일본 도쿄에 설치하고, 전쟁에 필요한 물자를 일본 기업에서 생산하게 했습니다. 6·25 전쟁이 있었던 3년 동안 일본은 23억 47만 달러를 벌어들였습니다. 여기에 GHQ의 경제 개혁 정책이 효과를 보고, 기업이 경쟁력을 갖추면서 일본은 발전을 거듭할 수 있었어요.

미국은 전쟁이 끝난 후에도 공산주의의 침략에 대비하기 위해 미일 안전 보장 조약을 체결했습니다. 이로 인해 일본은 군사적 보호를 받으며 안정적으로 성장해 나갈 수 있었습니다. 1956년 일본은 제2차 세계 대전이 일어나기 전의 경제 수준을 모두 회복했다고 선언하기에 이르렀습니다.

6·25 전쟁 당시 인천에 상륙하는 유엔군

6·25 전쟁의 모습

who? 지식사전

6·25 전쟁의 결과

6·25 전쟁은 남한 쪽 사상자만 150만 명에 달하는 등 수많은 사람들의 생명과 재산을 앗아 갔습니다. 여기에 전쟁고아와 이산가족이 다수 발생하였으며, 가옥과 교통, 공업 시설도 파괴되었습니다. 남북한뿐만 아니라, 국제적으로도 냉전이 심해졌습니다. 이제 냉전 시대는 끝났지만, 현재까지도 남한과 북한에는 휴전 상태로 인한 긴장이 계속되고 있습니다.

6·25 전쟁 당시 황폐해진 서울의 모습

3 전기와의 만남

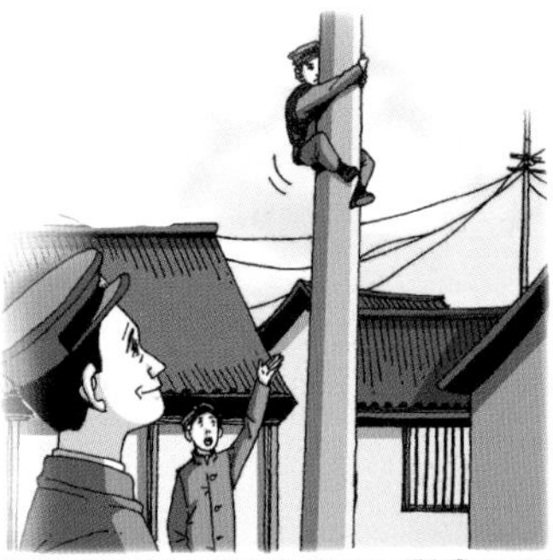

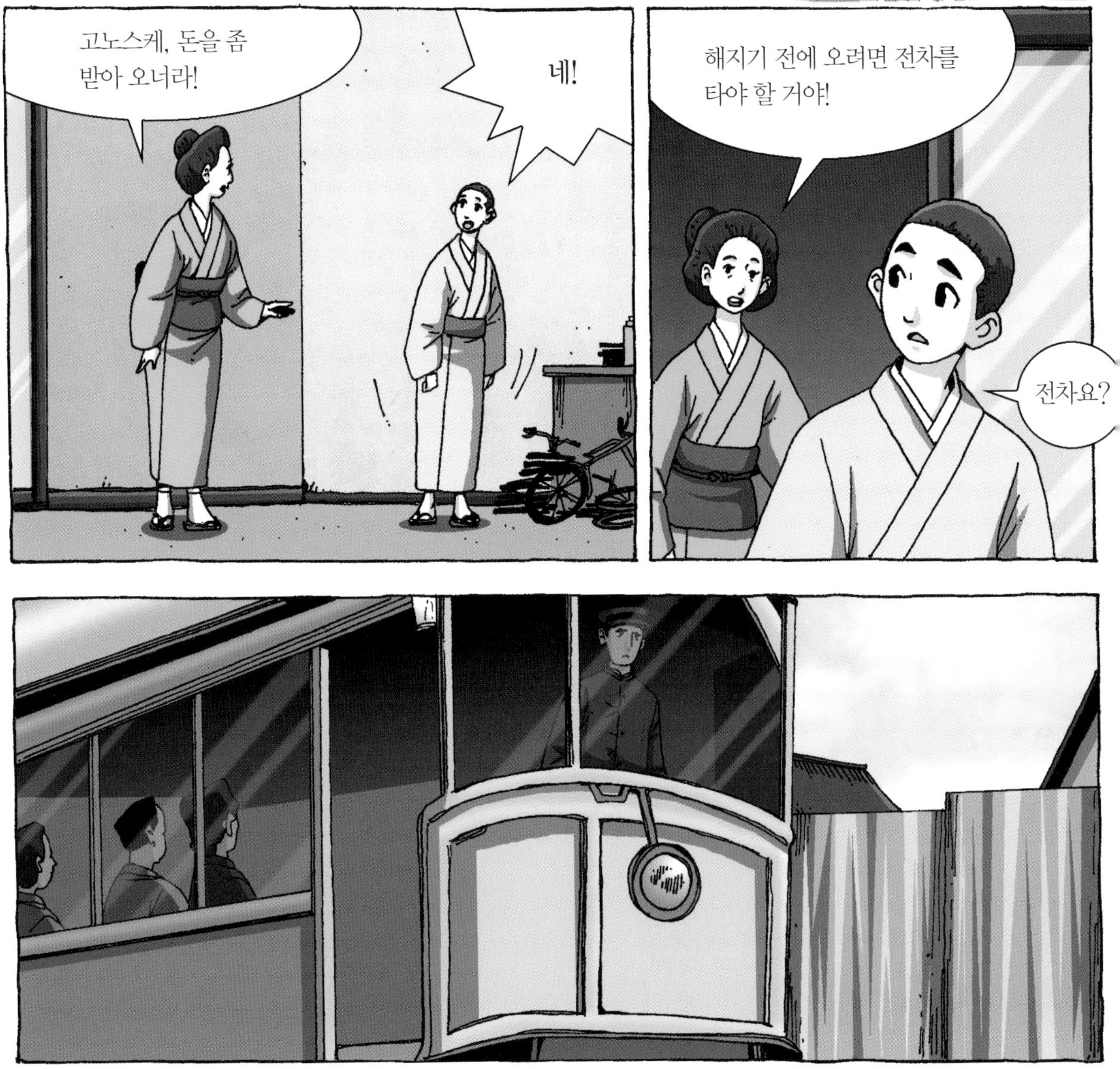

고노스케, 돈을 좀 받아 오너라!
네!
해지기 전에 오려면 전차를 타야 할 거야!
전차요?

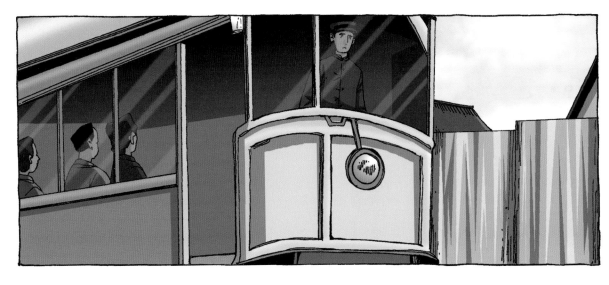

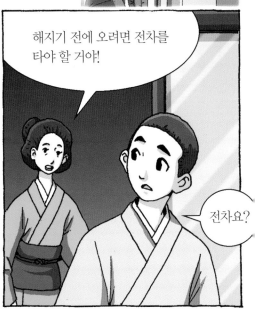

전차를 타는 사람이 정말 많네.
빨리 탑시다.
아, 네.
이 많은 사람을 태우고도 이렇게 빨리 달릴 수 있다니, 전기의 힘은 대단하구나!
이렇게 편리한 전차가 있는데, 앞으로 누가 자전거를 타려 하겠어?
그래, 앞으로는 전기의 시대가 올 거야! 시대에 뒤처지지 않기 위해선 전기에 관해 배워야 해!
고다이 자전거 상점에서 일한 지 6년이 되던 해, 고노스케는 자신의 운명을 결정짓는 중대한 결심을 했습니다.

그만두겠다고?
죄송합니다.
다른 일을 해 보고
싶어요.
이미 그렇게 결정한
이상 할 수 없지. 하지만
이것 하나만은 명심해라.
어딜 가든 피땀이 나도록
열심히 하거라.
아무런 고생 없이는
성공할 수 없단다.
명심하겠습니다.
그동안 보살펴 주신 은혜,
잊지 않겠습니다.

1910년 10월, 고노스케는 매형인 가메야마 조노스케의 소개로 오사카 전등 회사에 취직했습니다.
자네가 가메야마 소개로 온 사람인가?
네, 고노스케라고 합니다.
어렵게 마련한 자리이니 열심히 일하게.
감사합니다.
고노스케가 맡은 일은 전기 기술자들이 일할 때 짐을 옮겨 주거나 잔심부름을 도와주는 정도의 간단한 일이었습니다.
이봐, 신입! 이리 와서 물이라도 한잔하게!
괜찮습니다!
젊은 친구가 정말 열심히 하는군.
자네, 전기 기술을 배워 보겠나?
네? 정말이요?

고노스케는 전기에 관한 것이라면 무엇이든 물어보고 배운 뒤, 집에 돌아가서는 밤늦게까지 복습했습니다.
아하! 이렇게 하면 되는구나!
성실했던 고노스케는 3개월 만에 내선 담당자로 *승격해서 일본 최초의 타워 공사에 참여할 수 있었습니다.
이상하네. 왜 불이 안 들어오지?
저, 괜찮으시면 제가 한번 봐도 될까요?
자네가?
아! 전선이 반대로 연결되어 있네요.
응?

*승격: 지위나 등급 따위가 오르는 것

붉은 전선과
파란 전선을
바꿔 끼우면…….
와!
타워에 올라오니,
오사카 시내가 한눈에
보이네요!
언제 이렇게
전문가 뺨칠 실력이
된 거야?
이렇게 높은 타워의 조명을
제가 달았다니,
믿어지지 않아요.
내가 너무 잘
가르쳐 줬나?

일을 할 때는 고되지만, 우리가 설비한 조명이 세상을 비출 땐 고된 작업의 피곤함도 모두 잊게 되지.
힘들고 지칠 땐 이것만 생각하게. 우리는 세상을 밝게 비춰 주는 중요한 일을 하는 사람이야.
조심하세요!
헉!
고, 고맙네!
뭘요~
자네는 내 생명의 은인일세!

고노스케,
소장님이 찾으셔!
이번 타워 공사가
성공한 데에는 자네
공이 컸다더군.
그래서 자네를 좀 더
편한 사무직으로 옮겨 주려
하네만.
사무직이요?
소학교를 중퇴해
배움이 짧은데,
제가 할 수
있을까요?
사무직으로 가면
전기 기술뿐 아니라
이론도 배울 수 있고
열심히만 하면
직접 공사 설계도 할 수
있다네.
자네의 열정이라면
가능할 거야. 여기 서류를
작성해 주게.
알겠습니다.
이 글자의
뜻이
뭐였더라?
학교를 제대로
다니지 못한 나에게
서류 작업은 쉬운
일이 아니구나.

서류 다 작성했습니다.
그래?
아니, 이게 뭔가? 맞춤법이 엉망이라 읽을 수가 없잖아.
그, 그런가요?
아무래도 자네에게 사무직은 무리겠네. 아쉽구먼.
사무직으로 갔으면 전기에 대해 좀 더 큰 그림을 볼 수 있었을 텐데……. 역시 배우지 못하면 기회가 주어져도 얻을 수 없구나!
전기에 대해 더 알고 싶었던 고노스케는 낮에는 일을 하고, 밤에는 틈틈이 공부해서 1912년, 간사이 상공학교 야간부에 입학했습니다.

그러나 그해 8월, 고노스케에게 다시 한번 마른 하늘에 날벼락 같은 소식이 전해졌습니다.
고노스케, 손님이 오셨어.
손님이요?
누님! 연락도 없이 어쩐 일이세요?
고노스케, 어머니께서…….
어머니한테 무슨 일 생겼어요?
돌아가셨어. 흑흑.
뭐, 뭐라고요?

아니야.
그럴 리가 없어.
성공해서 어머니께 우리 집도 찾아 드리고, 다 같이 모여 살 날만 손꼽아 기다렸는데……. 어, 어머니!
깊은 슬픔에 빠진 고노스케는 모든 의욕을 잃은 채 어머니 무덤 곁을 지켰습니다.
어머니도 없는데, 일은 해서 뭐해. 이젠 다 소용없어!
고노스케야!
어머니?

하늘은
크게 쓸 사람에게 많은
고난과 시련을 준단다.
강인하게 성장시키기
위해서지.
우리 가문의 상징인
센바의 소나무처럼 힘차게
네 꿈을 펼치거라!
제 꿈이요?
잠시 물러날
수는 있어도
포기는 마.
명심하여라!

헉!
꿈이었어?
얼마나 걱정이 되셨으면 저승에 가서도 편히 눈을 감지 못하시고, 이 못난 아들을 응원하러 나타나셨을까?
어머니, 감사합니다!
절대 포기하지 않겠습니다. 반드시 성공해서 어머니를 찾아뵐게요.

고노스케는 어머니의 죽음 뒤 성공하기 위해 일에만 몰두했습니다.
어머니가 돌아가신 뒤부터는 저렇게 일만 한다니까.
고노스케, 쉬어 가면서 일해. 그러다 병나.
공사 마감일이 코앞이잖아요. 쉴 틈이 없어요.

컥컥!
고노스케!
폐병입니다.
네?
폐병이라니! 하늘은 우리 가족의 생명에
이어 내 목숨마저 앗아 갈 모양인가?

일을 해서는 안 됩니다. 요양을 하도록 하세요. 그렇지 않으면 살아남지 못해요.
전 죽지 않을 거예요. 제겐 반드시 지켜야 할 약속이 있거든요.
어딜 가려는 거야?
일하러 가야죠.
지금 제정신인가?
자넨 지금 쉬어야 한단 말일세.
성공한 모습을 하늘에 계신 어머니께 보여 드리기로 다짐했단 말이에요. 그러려면 쉬지 않고, 열심히 일해야 해요.

고노스케는 요양을 하는 대신 병에 맞서기로 했습니다. 다행히 시간이 지나자, 몸이 어느 정도 회복되었습니다.
누나!
몸은 좀 어떠니?
많이 좋아졌어요.
천만다행이구나.
바쁘실 텐데, 여긴 무슨 일로 오셨어요?
너도 벌써 스무 살인데 결혼을 해야 하지 않겠니?
또 그 소리예요?
세이코마루라는 대형 선박의 소유주인 이우에 세이타로 씨의 둘째 딸인데, 한번 만나 봐.

나와는 비교도 안 되는 좋은 집안이잖아요. 나를 마음에 들어 할까요?
네 진솔한 모습을 보여 준다면, 좋아하게 될 거야.
네, 알았어요.
고노스케는 스무 살이 되던 해에 누나 부부의 소개로 한 살 아래인 무메노를 만나게 됩니다.
젊은 사람들이 뭘 이리 부끄러워하고 그러나. 자자, 어서 인사부터 하시게!
마쓰시타 고노스케라고 합니다.
이우에 무메노예요.

전 아직 결혼 자금도 모으지 못할 만큼 가난합니다.
네, 알고 있어요.
하지만 매우 성실한 분이라고 들었습니다.
네! 굶기지 않을 자신은 있습니다!
우린 빠져 줄 테니, 데이트 잘하라고!
앗! 매형.

전 아무 준비도 못 해 왔는데, 도시락까지 싸 오시다니 고마워서 어쩌죠?
맛이 어떨지 모르겠어요.
맛없어도 있을 겁니다. 아, 아니 맛있습니다!
아, 여기 밥풀이…….
볼수록 참하고 괜찮은 여자다. 밝고 겸소하고, 친절하기까지!

오늘은 반드시
청혼을 해야겠어.
저어…….
네?
나와 결혼해
주시겠습니까?
언제쯤 청혼해 주실까
기다리고 있었습니다.
네, 당신과
결혼하겠습니다.

두 사람은 첫 만남으로부터 4개월 뒤인 1915년 9월 4일,
누나 이와의 집에서 간소하게 결혼식을 치렀습니다.

외롭고 힘들기만 했던 고노스케에게
드디어 행복한 가정이 생긴 것입니다.

통합 지식+ 3

마쓰시타 고노스케의 경영 철학

하나 인간 존중 경영

마쓰시타 고노스케는 기업의 이윤 원천은 '인간'이라고 말하며, 제품을 만들기보다는 인간을 만드는 회사를 원칙으로 삼았습니다. 1929년 말 경제 위기로 기업 활동이 위축된 시기, 제품이 팔리지 않고 자금은 부족해지자 직원을 절반으로 줄여야 한다는 주장이 나왔습니다. 하지만 마쓰시타는 "오늘부터 생산량을 반으로 줄인다. 직원은 한 명도 줄이지 않고 월급도 전액 지급한다. 대신 모두 휴일을 반납하고 재고품 판매에 힘쓴다."고 제안했습니다.

어려운 시기였지만 직원들이 합심하여 노력한 결과, 두 달 만에 재고를 처리하고 공장을 정상 가동할 수 있었습니다. 직원에 대한 존중과 신뢰가 있었기에 이런 결단이 가능했지요.

물론 전후 40년대 말까지 부채가 눈덩이처럼 늘어나고 세금도 내기 힘들자, 아무리 어려워도 하지 않던 인원 감축을 할 수밖에 없었던 시기가 있었습니다. 마쓰시타는 그때를 '내 생애에 그때만큼 원치 않는 일을 하며 괴로워한 적이 없다.'고 회고하였다고 해요.

또 마쓰시타는 1921년부터 보일회라는 조직을 결성하였는데, 이 조직을 통해 직원들을 수시로 만나 친목을 다졌습니다. 사주와 직원 간의 허물없는 의사소통의 장으로 마쓰시타는 이 조직을 통해 단합된 풍토, 가족적인 분위기의 기업 문화를 만들 수 있었습니다.

〈타임〉 표지를 장식한 마쓰시타 고노스케

직원과 함께하는 마음으로 마쓰시타가 취했던 행동은 후에 마쓰시타에게 다시 돌아왔습니다. 1946년 11월, 전후 일본을 다스리던 GHQ에서 마쓰시타 전기의 임원을 추방하고, 마쓰시타가 회장 자리에서 물러나야 하는 일이 생겼습니다. 이때 마쓰시타 전기의 노동조합이 사주 구명 운동에 발 벗고 나섰답니다. 당시 대부분의 노동조합이 경영자 추방을 외친 것과는 정반대의 현상이었지요.

마쓰시타 고노스케는 자신만의 경영 철학을 펼쳤습니다.

마쓰시타를 구하기 위해 노동조합은 먼저 GHQ에 탄원서를 내기로 하고 서명 운동에 들어갔는데, 조합원의 93퍼센트가 서명을 하였습니다. 노동조합의 간부는 두꺼운 서명부를 들고 두 차례에 걸쳐 도쿄의 GHQ 본부를 찾았고, 특히 1946년 12월에 이루어진 제2차 탄원 운동에는 13인의 노조 간부 전원이 GHQ 고위관료, 정부 고위관료 등을 일일이 찾아다니며 구명 운동을 벌였습니다. 노동조합이 사주를 구명하는 데 앞장서는 일은 없었던지라 뉴스와 신문에서 노동조합의 사주 구명 운동을 크게 보도하기 시작했습니다. 1947년 5월 마쓰시타는 마침내 공직 추방 대상에서 해제되었답니다.

이처럼 직원을 존중한 마쓰시타는 직원들의 신뢰를 얻었고, 이 신뢰를 바탕으로 마쓰시타 전기를 세계적인 기업으로 성장시킬 수 있었습니다.

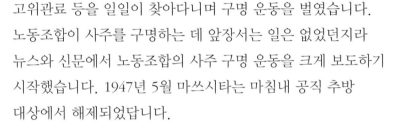

who? 지식사전

일본에 머무른 연합군 총사령부, GHQ

일본이 제2차 세계 대전에 패한 이후, 1945년 10월 2일부터 샌프란시스코 강화 조약이 발효된 1952년 4월 28일까지 6년 반 동안 일본에 있었던 연합군 총사령부를 말합니다. 총사령관은 더글러스 맥아더 장군으로 미국이 실질적인 일본 점령의 실권을 가지고 있었습니다. 이들 중 몇몇이 일본의 새 헌법 초안을 마련하였고, 새 헌법은 나중에 몇 군데 수정을 거쳐 일본국 헌법으로 채택되었습니다.

연합군 총사령부

둘 귀를 기울이는 자세

마쓰시타 고노스케는 고객은 물론 직원들의 의견에도 귀를 기울였습니다. 1964년은 일본 경제가 고도성장(빠른 속도로 발전함)의 막바지에 이르렀던 시점이었습니다. 1950년대 후반부터 일본 경제의 고도성장을 이끌었던 가전 제품의 인기가 한풀 꺾이면서 마쓰시타 전기 제품의 판매도 심각한 영향을 받기 시작했지요. 판매 회사나 대리점의 대부분이 적자에 빠져 위기가 왔습니다. 마쓰시타 전기 본사에 대한 판매점들의 원성이 높아졌고, 이를 전해 들은 마쓰시타는 전국의 판매점과 대리점 주인과의 회의를 가지게 됩니다. 3일간 계속된 회의에서 "마쓰시타의 제품에 특색이 사라졌다.", "제품 판매를 강요당하고 있다. 마쓰시타의 사원이 관료적으로 변했다." 등의 불만이 쏟아져 나왔습니다. 3일째 되던 날 마쓰시타가 회사의 잘못을 인정하고 고개를 숙였습니다.

파나소닉 본사의 모습(일본 오사카)

"이제 알겠습니다. 마쓰시타 전기가 문제입니다. 이 한마디로 충분하리라 생각합니다."

말을 마치고 고개를 든 마쓰시타의 눈에는 눈물이 고여 있었습니다. 일순간 회의장은 조용해졌으며, 모두가 판매 확대를 위해 노력하는 것으로 결론이 났습니다. 이후 마쓰시타는 영업본부장을 겸직하면서 현장에 복귀, 영업 현장을 우대하는 새로운 판매 제도를 수립하여 실행하였습니다. 그 결과 회사의 영업 실적도 회복되었어요.

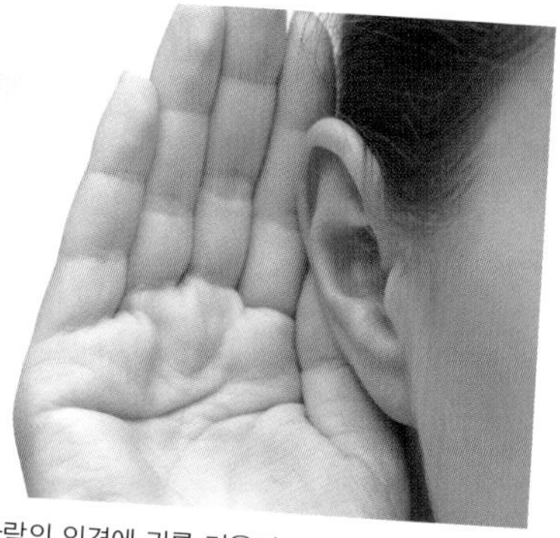
다른 사람의 의견에 귀를 기울이면 새로운 지식과 조언을 얻을 수 있습니다.

이처럼 마쓰시타는 여러 사람들의 이야기를 듣고 그들의 의견을 인정하고 받아들여 성공적인 경영을 해 나갔답니다.

셋 자율 경영

마쓰시타는 직원들이 책임과 권한을 갖고 자주적으로 일할 수 있는 환경을 만들어 주어야 한다고 믿었습니다. 또한 분점을 내 준 가게의 경영은 그 가게의 경영주에게 맡겨야지 본인은 관여하지 않는 것이 옳다고 생각하였어요.

그는 사업부제 조직(기업의 각 사업 단위가 개발, 생산, 판매를 모두 담당하게 하는 조직 형태)을 도입하여 보다 자유롭게 조직을 경영하도록 도왔습니다. 마쓰시타 전기는 제2차 세계 대전 이전에 사업부제를 도입한 유일한 회사였습니다.

일본의 경제가 성장하고 기업도 규모가 커지면서, 다른 기업도 마쓰시타의 경영 방식을 따르기 시작했습니다. 이러한 방침은 마쓰시타의 조직 관리 능력을 함축적으로 보여 주며, 마쓰시타 전기의 성장과 발전에 중요한 역할을 한 것으로 평가받았습니다.

파나소닉 상점의 모습. 마쓰시타 고노스케는 분점의 경영을 그곳의 경영주에게 자율적으로 맡기고자 했습니다.
© Tokumeigakarinoaoshima

who? 지식사전

마쓰시타의 수도 철학

마쓰시타의 경영 철학은 흔히 '수도 철학'이라 불리는 단어에 함축되어 있습니다.
"수돗물이 무궁무진하고 값싼 것처럼 우리 회사의 제품도 저렴하게 보급하여 사람들에게 행복을 줘야 한다."
이것이 바로 마쓰시타의 수도 철학입니다. 그리고 마쓰시타가 수도 철학을 전파한 1932년 5월 5일을 마쓰시타 전기의 공식 창립 기념일로 정하였습니다. (실제로 마쓰시타의 창업일은 1912년 5월 5일이었습니다.)
마쓰시타의 이러한 경영 철학은 고도성장기 대량 생산, 대량 소비 시대에 맞는 상징이 되었고 그가 경영자로 활동하는 동안 회사의 경영 방식에 큰 영향을 미쳤습니다. 마쓰시타 전기는 물건을 대량으로 생산해서 소비자가 더 싼값에 전기 제품을 살 수 있도록 했고, 이는 초기에 회사가 크게 성장할 수 있는 동력이 되었습니다.

4 사람을 편하게 하는 새로운 생각

1917년, 고노스케는 회사에서 승진해 검사원이 되었지만, 자신이 원하는 성공과는 거리가 멀게 느껴졌습니다.
무슨 생각을 그리 골똘하게 해요?
검사원이라는 게 가만히 앉아서 하는 일이라 내겐 맞지 않는 것 같아요.
다른 사람들은 편하겠다고 부러워하잖아요.
전기와 관련된 다른 일이 없을까 생각 중이에요.
당신이 알아서 잘하겠지만……, 어?

*소켓: 전구와 같은 전기 기기를 끼워 넣어 전선과 접속하게 하는 기구

전구 소켓을 개량할 좋은 아이디어가 있습니다.
그래?
소켓 불량은 대부분 접속 불량이 원인이었습니다. 그래서 전선을 나사에 감거나 조일 필요가 없는 소켓을 만들면 어떨까 하는데요.
글쎄, 발상은 훌륭하지만, 이 정도로는 과장님께 보고할 수 없네.
네?
소켓의 금속판
전선
고정 장치
전선과 소켓의 금속판이 쉽게 맞닿을 수 있게 고정 장치를 끼워 넣기만 하면 접촉 불량을 개선할 수 있는 완벽한 도면인데도요?
회사에선 연구원이 아닌 현장 감독의 말만 믿고 제품을 만들어 주지 않을 걸세. 포기하게.

어떻게 도면을 제대로 보지도 않고……. 왜 말도 안 되는 이유로 거절하는 거지?
이 도면처럼만 소켓이 만들어지면 분명히 획기적인 상품이 될 거야. 내가 직접 소켓을 만들어 팔아야겠다.
그동안 감사했습니다.
뭐라고? 지금 회사를 그만두겠다는 건가?
안녕히 계십시오!
이, 이보게!
고노스케 군! 다시 한 번 생각해 보게! 사람들은 큰 회사의 제품이 아니면 믿지 않는다네. 전기 제품 자체가 흔하지 않은 세상이지 않은가!
그래도 도전해 볼 겁니다. 전 자신 있습니다.
결국, 고노스케는 7년 동안 다니던 오사카 전등 회사를 그만두고 새로운 도전을 하기로 마음먹었습니다.

고노스케는 자신의 단층집을 공장으로 개조해 소켓 생산을 시작했습니다.
마루까지 뜯어서 공장으로 개조했더니 우리가 잠잘 공간이 마땅치 않은걸.
창고 방이 있잖아요. 그 정도면 우리 두 사람 자기엔 충분해요.
미안해요.
전 괜찮아요.
매형, 저 왔어요.
도시오, 자네가 여긴 웬일이야?
매형 공장에 점원이 필요할 거 같아서 도우려고 왔죠. 그런데 공장이 너무 작은 거 아니에요?
하하하! 언젠가 큰 공장으로 이사하게 될 테니, 걱정하지 마.

소켓을 만들려면 엄청난 기술력이 필요할 텐데요?
그건 다행히 전 직장 동료인 하야시가 도와주기로 했네.
소켓을 만드는 핵심 기술은 *절연체를 만드는 것입니다.
소켓의 본체는 사람 손이 직접 닿기 때문에 전기가 통하지 말아야 하는데, 그게 바로 이 물질이지요.
이걸 불로 녹인 뒤 틀에 부어 굳히면 되지요.
그럼, 이제 만들어 팔기만 하면 되는 건가요? 당장 시작하죠.

*절연체: 열이나 전기를 전달하지 않는 물체

1917년 10월, 드디어 개량 소켓 (마쓰시타식 소켓)이 완성되었습니다.
예전 소켓과 뭐가 다른 거죠?
예전 것은 소켓의 나사 부분에 배선 코드를 감은 다음 납땜질을 해서 고정해야 했지만, 개량 소켓은 고정 장치를 끼워 넣어서 납땜할 필요가 없어.
어려워서 무슨 말인지 잘 모르겠지만, 간편해졌다 이거죠?
맞아.
자, 이제 내가 나설 차례인가?
제발 대박 났으면 좋겠어요.
하야시, 좋은 소식 기다릴게.

벌써 저녁이 다 되어 가는데, 왜 이리 늦지?
매형, 저기 와요!
어땠어?
한참을 기다리게 해 놓고 물건은 보지도 않고 다음에 다시 오라고 하더군.
그게 무슨 말인가?

새로 생긴 작은 회사의
제품을 뭘 믿고
주문하냐는 거지.
뭐?
역시
세상에
쉬운 일은
없군요.
너무 실망하지 말게.
내일부턴 나도 함께 오사카
전역을 돌아다녀 보겠네.
분명 우리 제품을 알아주는
사람이 있을 거야!
그러나 고노스케와 하야시가 한 달 동안
소켓을 팔러 다닌 결과는 초등학교 선생님
월급의 절반 수준에 미치는 매출액이
전부였습니다.
필요 없다니까요!
그러지 말고
한 번만 사용해
보세요!
이 소켓은 팔리지 않아.
그때,
주인님이 하신 말이
무슨 뜻인지
이제야 알겠어.

고노스케,
이쯤에서 우리 포기하세.
먹고살 길을 찾아야 하지 않겠는가.
우리도 가정이 있으니
더 이상은 힘들 것 같아.
이렇게 돼서 자네에게
정말 미안하네.
매형,
포기하실
건가요?
아니, 난 끝까지
해 볼 거야.
매형의
결심이 그렇다면
저도 끝까지
도울게요.

한 해가 저물어 가는 12월,
힘겹게 버티고 있던 고노스케에게
기회가 찾아왔습니다.
실례합니다!
엇! 선풍기 제조업체인 '가와키타 전기' 사장님 아니십니까? 그런데 여긴 무슨 일로 오셨죠?
선풍기에 들어가는 절연체를 주문하려고 왔네.
자네들에게 절연체 만드는 기술이 있다고 들었는데.
네, 저희는 소켓에 쓰는 절연체를 만들어요.

이런 작은 공장에서 절연체 만드는 기술을 가지고 있다니, 놀랍군.
그간의 노력이 헛된 것만은 아니었구나.
이달 안에 1,000개를 만들어 줄 수 있겠나?
1,000개나요?
날짜를 지켜 납품해 준다면 계속 여기서 주문을 하겠네.
걱정하지 마십시오.
도시오, 들었지? 어서 일 시작하자고.
납품 날짜를 지킨 고노스케는 이후 가와키타 전기의 신뢰를 얻어 안정된 수입을 얻게 되었습니다.
넵!

1918년 3월 7일, 고노스케는 더 넓은 2층 건물을 빌려 '마쓰시타 전기 기구 제작소'라는 회사를 차렸습니다.
축하해요, 여보!
당신 덕분이오!
이야~ 제법 폼이 나요.
이제 진짜 공장 같은데요, 매형. 아니지, 이젠 '대장'이라고 불러야겠네요.
이제부터 마쓰시타 전기의 시작이다!

자신감을 얻은 고노스케는 개량 소켓을 이을 신제품 개발에 착수했습니다.
못 보던 플러그네요?
'어태치먼트 플러그'라는 건데, 이렇게 전구를 빼면…….
다른 가전제품을 연결해 사용할 수 있지.
오, 아주 기발한데요!
내가 먼저 왔어!
밀지 말라고!
수량을 넉넉하게 준비해 놓았으니 싸우지 마세요!
이러다 물건 다 팔기도 전에 몸살부터 나겠어요!
그런 몸살이라면 열 번, 스무 번이라도 괜찮아요.

고노스케는 다른 회사의 제품을 연구해,
더 뛰어난 제품을 생산하기도 했지만, 우연히
좋은 아이디어를 얻기도 했습니다.
주임님,
제가 만든 물건이에요.
그리고 그때 무작정
회사를 뛰쳐나가서
죄송했습니다.
허허, 아닐세.
요즘 자네 공장의 소켓이
잘 팔린다는 소문은 들었네.
미처 알아보지 못한 내가
오히려 미안하지.
언니,
책 좀 보게
전등 좀
켜자!
기다려.
다림질이
안 끝났어!
?
불 좀 켜자니까!
어두워서 아무것도
안 보이잖아!
소켓이
두 개 있으면
싸우지 않아도
될 텐데…….
저리 가지 못해!
맞아! 왜 내가
이 생각을 못 했지?
두 개의 전기 제품을
동시에 쓸 수 있는 소켓을
만드는 거야!
손님 계시는 거
안 보이니?
조용히 해라!
주임님,
급한 일이
생겨서 이만
가 보겠습니다.
이보게,
고노스케!

마쓰시타는 결국 획기적인 쌍소켓을 개발하는 데 성공했습니다.
전등을 켬과 동시에 다른 가전제품을 연결해 사용할 수 있는 소켓이라…….
아주 재미있군. 내가 전부 사겠네.
정말이십니까?
마쓰시타 전기의 제품들은 제1차 세계 대전 뒤의 불황에도 높은 매출을 기록했습니다.
1921년 4월에는 결혼한 지 6년 만에 기다리던 첫딸 사치코가 태어났습니다.
우르르~ 까꿍! 누굴 닮아서 이렇게 예쁘게 생겼을까?

그러나 고노스케는 당장의 행복에 만족하지 않고 또다시 신제품 개발에 몰두했습니다.
이 밤에 안 주무시고 뭐 하세요?
어린 시절, 자전거 상점에서 일할 때 기억이 떠올랐어. 그때는 밤에도 안전하게 달릴 수 있게 꺼지지 않는 자전거 램프가 있으면 좋겠다고 생각했거든.
자전거 램프라면 지금도 있잖아요?
촛불 램프는 바람이 불면 금방 꺼져서 쓸 수가 없고, 가스램프는 비싸서 일반 사람들은 살 엄두도 못 내잖아.
또 전지 램프는 겨우 두 시간밖에 사용할 수 없지.
그래서 가격도 저렴하고 오랫동안 사용할 수 있는 전지 램프를 만들어 볼까 해.
에이, 그게 쉽게 되겠어요.
분명히 방법이 있을 거야.

5분의 1의 전압으로 점등이 가능한 전구를 개발했다는군요.
응? 방금 뭐라고 했나?
5분의 1의 전압으로 점등이 가능한 전구를 개발했다고 했는데요?
바로 그거야!
네?
그 전구에 전지를 조합하면 오래 사용할 수 있는 전지 램프를 만들 수 있을 거야!
빨리 가서 실험해 보자.
아직 밥도 다 못 먹었다고요!
전지가 얼마나 오래 버틸 수 있을까요?
내가 지켜보고 있을 테니, 자네는 먼저 들어가서 자게.

도시오, 성공이야!
네?
무려 30시간이나 전구가 켜져 있었다고!
그게 정말이에요?
기존 제품보다 열 배는 더 오래 사용할 수 있는 램프를 만들어 냈어. 하하하!

1923년, 고노스케는 어린 시절 자전거 상점과 오사카 전등 회사에서 성실히 일했던 경험을 바탕으로 포탄형 전지식 자전거 램프 개발에 성공했습니다.
손님에게 피해를 주지 않으려고 수백 번 반복해서 실험했으니 램프의 성능만큼은 자신 있어.
모양도 보기 좋아서 인기가 좋을 것 같아요, 대장님.
후훗, 이 램프를 보면 안 사고는 못 배기겠지?
이거 정말 대단한데! 아주 잘 팔릴 것 같아!
전지 램프는 고장이 잦아서 평판이 안 좋으니, 너무 기대하진 마.
이건 고장도 없고, 30시간 동안이나 켜지는 램프라고요!
사용해 보지 않은 이상, 손님이 그걸 믿어 주겠어?
아무리 좋은 제품이라도 사람들이 사용하지 않는다면 아무 소용 없어.

도매상들이 꺼리면서 기대했던 포탄형 전지식 자전거 램프는 창고에 쌓여만 갔습니다.
사람들에게 우리 제품의 장점을 알려 줄 방법이 없을까?
그래! 제품을 먼저 사용해 볼 수 있게 해 주는 거야.
뭐? 제품을 무료로 빌려주고 팔린 만큼만 돈을 받겠다고?
제품에 대한 확신이 있다면 판매 방식은 문제가 되지 않아요.
자네가 그렇게까지 자신한다면야, 좋네. 한번 팔아 보지.
고노스케의 생각은 그대로 들어맞았습니다. 한 달이 지나자 엄청난 주문이 밀려들었습니다.
추가 주문이요?
네, 알겠습니다.
도시오, 아무래도 자네가 도쿄에 있는 거래처를 맡아 주어야겠어.
대장님, 저만 믿으세요.

1923년 9월 1일, 도시오가 도쿄로 간 뒤 얼마 지나지 않아 관동 대지진이 발생했습니다.
으악! 지진이다!
사람 살려!
까악!
비키시오!
엄마!

여보,
도시오는 괜찮을까요?
소식을 들을 수 없으니,
너무 불안해요.
무사할 테니,
걱정하지 말아요.
1주일 뒤.
누님, 대장님!
처남! 도대체
어떻게 된 건가?
도시오!
지진 지역의
거래처를 돌아다니며
상황을 파악하느라
늦었어요.
고생했네. 무사해서
다행이야.

*아비규환: 여러 사람이 비참한 지경에 빠져 울부짖는 상황

모두 어렵겠지만, 수금을 안 할 수도 없잖아. 그 대신 판매 대금은 절반만 받게.
대장님, 진심이세요?
그리고 마쓰시타 상품의 가격은 전과 똑같다는 사실을 알려 주게.
재난을 틈타 돈을 벌려는 것은 고통받는 사람들에게 더 큰 상처를 주는 거야.
네, 알겠습니다.
지진 전과 같은 가격이라니, 그게 정말인가?
이렇게 고마울 수가! 마쓰시타 전기란 말이지?
어서 다른 대리점에도 이 기쁜 소식을 알려야겠어!
위기를 돈벌이로 이용하지 않은 고노스케의 행동으로 '마쓰시타'란 이름은 도쿄 전 지역에 퍼져 나가게 되었습니다.

사장님! 지금 도쿄에서 주문이 밀려들어 난리에요!
거래가 없던 도매상들까지 우리 제품을 주문하겠다는데요!
그럼 오히려 대리점이 더 늘어나게 되는 거 아닌가?
어려울 때 도와줬으니 은혜를 갚는 거랍니다!
사장님, 축하해요!
모두 수고했네, 자네들이 한마음 한뜻으로 일해 준 덕분이야!

세계의 경영인

하나 헨리 포드(1863~1947년)

헨리 포드는 미국의 자동차 회사 '포드'의 창립자로 자동차의 왕으로 불립니다. 어릴 때부터 기계에 흥미를 가지고 있던 포드는 열여섯 살인 1879년, 기계에 대해 배우려고 디트로이트로 떠납니다. 이후 여러 공장을 전전하다가 1891년부터 1899년까지 디트로이트에 있는 에디슨 회사에서 기술 책임자로 일했어요. 자동차에 관심이 많았던 그는 혼자서 자동차 연구에 전념했고, 1896년에는 자신의 자동차를 만들기도 했습니다.

헨리 포드는 소품종 대량 생산이라는 효율적인 제품 생산 방식을 보급하였습니다.

1903년, 포드는 마침내 회사를 그만두고 자본금 10만 달러로 동업자와 함께 자신의 이름을 딴 포드 자동차 회사를 세웠습니다. 당시 자동차는 소수만이 이용할 수 있는 사치품이었는데, 포드는 더욱 많은 사람이 편리하게 자동차를 사용할 수 있게 만들고자 단일 제품의 대량 생산을 고안해냅니다. 같은 차를 많이 만들어내면, 생산비를 줄일 수 있기 때문입니다. 1908년, 마침내 대중도 어렵지 않게 살 수 있는 자동차 T형 포드가 공개되었습니다.

1910년식 포드 자동차

1913년에는 생산 과정에서 '컨베이어 벨트 시스템'이라 불리는 조립 라인 시스템을 적용합니다. 필요한 부품이 벨트를 타고 이동하면, 노동자는 맡은 일을 반복적으로 처리하면 됐기 때문에 생산성을 크게 높일 수 있는 방식이었습니다. 일급 5달러라는 최저 임금과 하루 8시간, 주 5일 노동이라는 당시로써는 획기적인 노동 정책을 펼치기도 했습니다. 포드의 혁신은 일반인들도 자동차를 이용할 수 있도록 했고, 소품종 대량 생산이라는 효율적인 방식을 보급했습니다. 현대에는 로봇을 이용한 자동화 공정으로 발전하였지요. 하지만 이러한 조립 라인 시스템이 인간의 노동력을 기계의 부품으로 보아 인간성이 무시될 여지가 있었다는 점에서는 비판받고 있어요.
T형 포드로 미국 최대의 자동차 제조업체가 된 포드 자동차 회사는 한때 경쟁사의 추격에 밀리기도 했지만, 현재는 전 세계 30여 개국에 생산 및 조립 시설을 갖춘 세계적인 기업으로 성장했답니다.

록펠러는 미국 역사상 최고의 부자로 꼽히는 사업가입니다.

둘 존 데이비스 록펠러(1839~1937년)

록펠러는 미국 역사상 최고의 부자로 꼽힙니다. 19세기 중엽, 록펠러는 정유 사업에 뛰어들었습니다. 1870년 '오하이오 스탠더드 석유회사'를 세웠고, 석유의 공급이 지나치게 많아져 석유 가격이 떨어지자 경쟁사들을 사들였습니다. 그리고는 1882년 40여 개의 독립적인 기업들을 모아 미국 내 정유소의 95퍼센트를 지배하는 스탠더드오일트러스트를 조직하였습니다. 또한 석유 사업에서 생긴 거액의 이윤을 광산, 산림, 철도, 은행 등에 투자하여 거대 자본을 형성하는 등 사업가의 면모를 발휘하였어요. 하지만 석유, 철강, 철도는 물론 일반 생활 소비재 시장까지 독점하게 되자 이에 반대하는 움직임이 일어났습니다. 결국 1911년 미국 연방 최고 재판소로부터 독점 금지법 위반의 판결을 받아 30개의 회사로 해산되었습니다.
이후 록펠러는 자선가로 변신하여 시카고 대학을 세웠으며, 1913년에는 록펠러 재단을 설립하여 병원, 교회, 학교 등을 세웠습니다. 이후에도 다양한 재단을 세워 교육 및 의학 연구 후원 사업에 큰 발자취를 남겼습니다.

록펠러의 기부금으로 세워진 시카고 대학

셋 앤드루 카네기(1835~1919년)

카네기는 어려서부터 방적공, 전신 기사 등의 다양한 직업을 가지다가 1853년, 펜실베이니아 철도 회사에 취직하였습니다. 1865년까지 이곳에서 근무하는 동안, 침대차 회사에 투자하여 큰 이익을 얻었으며, 석유 회사 등에도 투자하여 많은 돈을 벌었습니다. 1865년 철강의 수요가 늘어날 것을 예상하며 다니던 철도 회사를 그만두고 철강업을 시작하였으며 1875년 에드거 톰슨 강철 회사를 설립하고 관련 회사를 연이어 사들였습니다. 1892년에는 여러 사업체를 카네기 철강 회사(뒤에 카네기 회사로 개칭)로 통합하였는데, 이 회사는 당시 세계 최대의 철강 회사로서 미국 철강 생산의 4분의 1 이상을 생산하였습니다. 하지만 당시 노동자를 탄압하거나 시장을 불법적으로 독점하는 등의 부정적인 행동으로 비난을 받기도 했습니다.

앤드루 카네기는 강철왕이라는 별명을 갖고 있습니다.

카네기는 이후 사업에서 물러나 그동안 축적했던 부를 이용한 자선 사업에 몰두했습니다. 카네기 공과 대학(현 카네기 멜론 대학), 카네기 교육 진흥 재단에 3억 달러 이상을 투자했습니다. 미국에 2,500여 개의 공공 도서관을 세우기도 했어요.

앤드루 카네기가 성공할 수 있었던 여러 비결 가운데 하나는 사람을 다루는 방법에 대한 통찰이었습니다. 그는 열 살 때 이미 사람들이 자신의 이름을 매우 소중히 여긴다는 사실을 깨달았어요. 그래서 경영을 할 때도, 중요한 친구, 사업 파트너와 수많은 직원들의 얼굴과 이름을 기억하고자 했습니다. 이것이 사람들에게 관심이나 호감을 이끌어 낼 수 있는 좋은 방법이었기 때문입니다.

카네기 멜론 대학. 카네기는 사업에서 물러난 뒤, 교육 분야에 투자하였습니다.

넷 손정의(1957년~)

손정의는 일본의 대표적인 통신 기업인 소프트뱅크의 창업자입니다. 일본 이름은 손 마사요시로, 재일 한국인 3세입니다. 손정의는 캘리포니아 대학에서 경제를 공부할 때 마이크로칩을 이용한 번역기를 개발했으며, 1980년 캘리포니아 오클랜드에 유니손 월드라는 사업체를 설립했습니다. 일본에 귀국한 뒤 1981년 9월 종합 소프트웨어 유통 업체인 소프트뱅크를 세웠습니다. 인터넷이 널리 사용될 것을 내다본 손정의는 포털 사이트 야후에 투자해 야후의 최대주주가 되었어요. 손정의는 소프트뱅크를 일본 3위의 이동 통신 업체로 만들었고, 소프트뱅크는 이동 통신 외에도 다양한 IT(정보 통신 기술) 분야에 계속 투자하면서 세계적인 기업을 목표로 성장하고 있답니다.

손정의는 일본의 대표적인 통신 기업 소프트뱅크의 창업자입니다.

일본 최초의 개폐식 야구장 야후 돔. 손정의가 대표인 소프트뱅크 호크스의 홈구장입니다. © 배수민

who? 지식사전

기업은 어떤 경제 활동을 할까?

기업은 이익을 얻기 위해 살아가는 데 필요한 재화와 서비스를 만들어 파는 일을 하는 조직입니다. 기업은 생산 활동으로 물건을 팔고, 그렇게 벌어들인 돈으로 직원들에게 임금을 주는 등의 다양한 활동을 합니다. 기업은 이윤을 목적으로 하는데, 이윤이란 기업이 벌어들인 전체 돈 중에서 생산 활동에 들어간 모든 비용을 빼고 남는 나머지를 말한답니다. 이윤이 나지 않으면 기업을 운영하기 힘들어져요. 따라서 기업은 더 새롭고 좋은 제품을 생산하기 위해 끊임없이 노력합니다. 기업의 원활한 경제 활동은 나라의 경제에도 도움이 된답니다.

한국의 대표 기업인 삼성이 해외에 진출해 뉴욕 한복판에 광고를 하고 있습니다.

5 성공의 열쇠

1923년, 고노스케는 물건을 만들어 내는 것뿐만 아니라, 상품을 잘 판매할 수 있는 새로운 방식을 고민했습니다.
회사 규모가 커졌으니 우리 마쓰시타 전기도 대리점 제도를 도입할 생각이네.
대리점 제도라뇨?
일정 구역 내에서 *독점 판매권을 주는 대신 그들 스스로 책임을 지고 영업하게 하는 거지.
독점으로 판매권을 주면 소비자에게 가격을 올려서 팔 수도 있잖아요?
그렇지 않아. 대리점끼리 판매 경쟁이 붙어서 하나라도 더 팔려면 소비자에게 저렴하게 판매해야 할 거야.
그럼 소비자는 상품을 저렴하게 사서 좋고, 회사는 판매량이 늘어 좋겠군요!
그렇지.

*독점: 개인이나 하나의 단체가 다른 경쟁자 없이 생산이나 판매 등을 독차지하는 것

난 야마모토 상점의 야마모토 다케노부라고 하네.
아, 네.
판매를 맡아 줄 소매 대리점을 모집한다는 광고를 보고 찾아왔네만.
마쓰시타 전기보다 훨씬 더 커다란 상권을 가진 사람이 직원을 보내지 않고 직접 오다니…….
듣던 대로 훌륭하군. 바로 대리점 계약을 하겠네.
이렇게 빨리요?
큰 장사를 하는 사람이라 그런지 추진력이 대단하구나!
야마모토 씨는 상인에게 필요한 '강인함'을 가지고 있다. 이 사람에게 비하면 나는 어린아이에 불과해!
1925년 5월, 마쓰시타 전기는 야마모토 상점과 상표를 포함한 전지 램프 전국 판매권을 넘기는 계약을 체결했습니다.

1926년, 고노스케는 자전거 전용인 포탄형 램프와는 달리 여러 용도로 쓸 수 있는 사각형 램프를 개발해 냈습니다.
자전거에 부착해서 사용할 수도 있고, 떼어 내면 손전등처럼 사용할 수 있으니 정말 좋은데요.
그렇지.
그런데 표정이 왜 그러세요? 무슨 고민 있으세요?
사각형 램프는 야마모토의 자전거 가게 중심의 판매보단 오히려 전기 가게 판매가 유리한데, 야마모토 상점과의 독점 판매 계약 때문에 그럴 수 없어 고민이네.
그럼 야마모토 씨에게 전기 가게에 대한 판매만이라도 양보해 달라고 부탁해 보세요.
며칠 뒤.
야마모토 씨, 한 번만 더 생각해 주십시오.
계약이 끝날 때까지는 절대 안 돼.
다시는 말도 꺼내지 못하도록 해야겠어.

정 그렇다면
양보하기로
하지.
정말이십니까?
대신
그 대가로 1만 엔을
지급하게.
네?
1만 엔이나요?
후후. 계약 기간도
얼마 남지 않았는데,
1만 엔이라는 큰돈을
내고 계약 해지를 하는
바보는 아니겠지.
제 생각대로 판매를
해 보고 싶다는 생각엔
변함이 없습니다.
수업료를 낸 것이라
생각하면 아까울 것도
없지요. 1만 엔을
드리겠습니다.
뭐라고?
자네,
제정신인가?
나보다 한 수
아래라고 얕잡아
봤더니 만만찮게
무서운 사람이군.

고노스케는 사각형 램프의 이름을 '내셔널 램프'라 짓고, 판매에 앞서 기발한 방법을 생각해 냈습니다.
네? 사각형 램프 1만 개를 공짜로 나누어 주자고요?
들고 다닐 수 있다는 편리성이 상품의 장점인데, 직접 들어 보기 전에는 알 수가 없잖아.
하지만 램프를 나눠 주려면 건전지를 사서 넣어야 하는데, 그만한 돈이 어디 있어요?
오카다 건전지 회사의 사장에게 부탁해 보려고 해. 내셔널 램프의 진가를 알아본다면 내 제안을 들어줄 거야.
마쓰시타 고노스케 사장이 여기까진 어쩐 일이십니까?
사각형 램프용 건전지 공급에 대해 상의를 드리러 왔습니다.
건전지를 사 주시겠다는데 저희야 환영이죠.

그래서 말인데요. 전지 1만 개를 무료로 주실 수 없겠습니까?
네?
무슨 말씀이신지 잘 이해가 안 되는군요.
사람들에게 램프를 무료로 사용해 볼 수 있도록 나눠 주면 광고 효과가 있을 거라 생각합니다.
아무리 그래도 그건 너무 무모한 행동 같습니다만.
아무런 대가도 없이 그냥 달라는 얘기가 아닙니다. 올해 안에 전지가 20만 개 팔리면 1만 개를 덤으로 달라는 얘깁니다.
20만 개에 대한 덤을 미리 달라는 말씀이군요.
만약 20만 개를 팔지 못한다면 어떻게 하시겠습니까?
20만 개에서 단 하나라도 빠진다면, 당연히 덤에 대한 가격을 지급하겠습니다.

좋습니다. 한번 믿어 보도록 하죠.
감사합니다. 오카다 사장님이라면 제 부탁을 들어주실 줄 알았습니다.
아무리 큰소리치지만 20만 개의 전지가 팔릴 리 없지.
고노스케의 예상은 적중했고, 내셔널 램프는 엄청나게 팔리기 시작했습니다. 또한, 이를 계기로 '내셔널'이라는 브랜드가 탄생하게 되었습니다
사, 사십칠만 개?

고노스케 씨
계십니까?
누구지?
오카다 사장님이
어쩐 일이세요?
전지 대금이
더 왔더군요.
돌려드리려
왔습니다.
이것 때문에
일부러 여기까지
오셨다는
말씀입니까?
마쓰시타 사장님의
신념에 제가 졌습니다!
앞으로도 저희 오카다
건전지를 잘
부탁합니다.
오카다 사장님께서
저를 믿어 주셨기에
가능했던 일입니다.

그뒤, 고노스케는 사업을 확장해서 전열 기구 시장에 진출하기로 했습니다.
사장님의 지시대로 다른 회사 제품들보다 더 튼튼하게 만들었습니다.
내가 부탁한 전기다리미는 완성했나?
하지만 원가가 높아서 다른 회사 제품들보다 30퍼센트 저렴하게 판매하지는 못할 것 같아요.
비싼 가격 때문에 사람들이 사서 쓰지 못한다면 아무리 좋은 제품을 만들다한들 무슨 소용이겠는가?
이윤을 덜 남기더라도 저렴하게 팔아 보기로 하세.
네?
싸게 팔면 이윤이 남지 않아요. 이 가격에도 이윤이 남으려면 한 번에 많이 만들어 원가를 줄여야 한다고요.

그럼 그렇게 하지. 많은 사람이 쓸 수 있게 저렴하면서도 품질이 우수한 제품을 만들겠다는 내 생각에는 변함이 없어!
'슈퍼 아이론'이라 이름 붙인 마쓰시타 전기의 전기다리미는 불티나게 팔려 나갔습니다.
새로 나온 다리미가 그렇게 성능이 좋다며?
가격도 싸대!
사장님 예상이 적중했어요!
성공의 열쇠는 '불가능'이란 단어를 지우는 데 있다는 사실을 명심하게.
사람에게 필요한 제품을 만든다는 고노스케의 신념이 이뤄 낸 성과였습니다.

1929년 2월, 마쓰시타 전기 기구 제작소는 직원이 400명에 이르는 큰 회사가 되었고, 상호도 '마쓰시타 전기 제작소'로 바뀌었습니다.
M
마쓰시타 전기의 신조
회사의 향상과 발전은 각 사원의 화친과 협력 없이는 이루기 어렵다. 각 사원은 정성을 중시하며 일치단결해 사무에 임한다.
생산의 목적은 사람들의 삶의 질을 개선하는 데 있습니다. 우리 마쓰시타 전기 제작소 역시 이 사명을 궁극적인 목적으로 온 힘을 다해 더욱 매진할 것입니다.

휴일인데 출근하신다고요?
회사가 커질수록 윗사람으로서 모범을 보여야 다른 직원들도 열심히 일할 게 아니오.
휴일까지 나가서 일하시다가 건강이라도 해칠까 걱정이에요.
지금이 중요한 시기니 힘들어도 조금만 더 참아야지요.
앗!
여보!
무리하게 일에만 매달렸던 고노스케는 결국 과로로 쓰러지고 말았습니다.
이렇게 바쁠 때 병원에 누워 있어야 한다니…….
당분간 회사는 도시오에게 맡기고 좀 쉬세요.

같은 해 10월, 누구도 예상치 못한 엄청난 사건이 터졌습니다. 미국 뉴욕 월가에서 일어난 주식 시장의 대폭락으로 전 세계적으로 불황이 찾아온 것입니다.
BANK
미국 경제와 우리가 무슨 상관이 있다고 이 난리야?
미국에서 자기 나라 경제를 살리겠다고 수출만 하고 수입은 죽이는 보호 무역을 하잖아. 다른 나라에서 수입하는 물품에 세금을 왕창 매기는 거지.
세금이 비싸면 누가 수입을 하겠어?
이렇게 되면 결국 생산도 소비도 없으니 경제가 점점 어려워질 수밖에.
설마, 우리 회사도 문제 있는 거 아니겠지?
불황이 길어지면 누구도 장담할 수 없어.

불황을 모르던 마쓰시타 전기도 이번만은 달랐습니다.
아니, 다들 왜 이러고 있나?
경기가 어렵다고 하는데 우리 회사는 괜찮은 건가요?
창고에 제품이 쌓여 있으니, 불안해요.
우리 회사도 곧 직원을 해고할 거라는 소문이 있어요.
아직 결정된 건 없으니, 며칠만 더 기다려 주게.
이대로 가다간 회사가 도산하고 말겠어.
안 되겠어. 사장님을 찾아가 상의해 보자.

자네들이 갑자기 무슨 일인가? 회사에 안 좋은 일이라도 생긴 거야?
그게, 사실은 경기 불황으로 회사가 도산 직전입니다.
뭐, 뭐라고?
어려움을 극복하려면 종업원 수를 줄이고 사업을 축소하는 방법밖에는 없을 것 같습니다.
경기가 좋지 않다고 종업원을 해고하고 회사를 축소한다면 이 나라가 어떻게 되겠나?
하지만 방법이 없지 않습니까?
안 되겠어. 날 좀 부축해서 당장 회사로 데려다주게.
네?

사장님이 오셨다!
여러분, 아무리 회사가 힘들어도 단 한 명도 해고하지 않겠습니다.
정말입니까?
믿어도 되나요?
사장님의 약속이니 믿어 보자고.
그래, 이럴 때일수록 힘을 합해야지!
아무리 힘든 시기라도 우리가 모두 힘을 합친다면 반드시 이겨 나갈 수 있다고 믿습니다. 나와 우리 회사를 믿고 여러분이 힘을 보태 주십시오!

뭐부터 하지?
먼저 창고에 쌓인 물건부터 정리합시다!
다 팔기 전엔 집에 갈 생각은 하지 말자고.
내가 만든 우리 회사 제품이니, 잘 팔 수 있어.
믿고 쓰는 마쓰시타 전기의 가전제품이 왔습니다!
지금 기회를 놓치면 후회하실 겁니다. 구경하세요!
얼마 뒤.
이 많은 재고를 다 팔았다니 정말 믿기지 않습니다!
직원들이 밤낮 안 가리고 판매에 힘썼답니다!
정말 고생했군.
직원들이 마음을 합쳐 역경을 함께 뛰어넘었다는 사실을 절대 잊지 않을 걸세.

1931년, 경제 상황은 계속 어려웠습니다. 하지만 끊임없는 침체 속에서도 마쓰시타 전기의 도전은 계속되었습니다.
사장님, 뭐 하세요?
산 지 얼마 안 된 라디오가 고장났어.
제가 한번 고쳐 볼게요.
자네가?
라디오 수신기가 문제네요.
성능 좋은 라디오 수신기를 만들만한 기술이 부족해서인지 라디오 고장이 잦군.
다 됐어요!
역시, 자넨 못하는 게 없군.
사장님, 우리가 성능이 뛰어난 라디오 수신기를 만들어 보면 어떨까요?
그거 정말 좋은 생각이군!

고노스케의 전폭적인 지지를 받은 나카오는 연구부 부원 10여 명과 함께 3개월 동안 연구에 몰두했습니다.
아하하, 성공이다! 드디어 라디오를 개발했어!
전파 방해 없이 깨끗한 음질로 들을 수 있는 라디오야.
팀장님, 마침 도쿄 중앙방송에서 라디오 수신기 공모전을 한다는데 테스트도 해 볼 겸 거기 응모하면 어떨까요?
응모?
이봐, 지각도 아닌데 왜 그리 뛰는 거야?
오늘이 바로 라디오 공모전 발표날이지 않은가!
라디오 수신기 공모전에서 당당히 1등을 차지한 제품은 마쓰시타 전기 제작소의 '3구식 라디오'입니다!
와아!

사장님, 1등입니다! 우리 라디오가 1등이라고요!
하하하, 역시 나카오야! 자네가 해낼 줄 알았네.
우리 라디오를 '당선호'라 부르면 어떻겠나?
좋습니다.
그런데 이번에도 저렴하게 판매하실 건가요?
아니, 그 반대일세. 난 '당선호'를 일류 브랜드 제품보다 비싸게 팔 거야.
안 팔리면 어떡해요? 대리점들의 반대도 심할 텐데요.
라디오의 부품값이 워낙 비싸기도 하지만, 고장이 없는 좋은 물건이라면 비싸더라도 팔릴 거라는 게 내 생각일세.
고노스케의 예상대로 사람들은 당선호의 우수한 품질에 만족했고, 10년 후에는 마쓰시타의 라디오가 시장 점유율 1위를 기록했습니다.

통합 지식+ 5

마쓰시타 전기(파나소닉)

하나 마쓰시타 전기의 창업

마쓰시타는 1910년 오사카 전등 주식회사에 입사해 만 22살 때 검사원으로 승진했습니다. 하지만 직접 제품을 개발하고 싶었던 마쓰시타는 회사를 그만둡니다.

마쓰시타가 발명한 개량 소켓은 훌륭했지만, 처음부터 사업이 순탄했던 것은 아니었습니다. 여러 번의 고비를 넘긴 끝에, 그를 좋게 생각한 한 상인에게 대량 주문을 받아 회사를 유지할 수 있었습니다. 주문이 안정되자 마쓰시타는 1918년 3월에 2층 목조 가옥을 빌려 마쓰시타 전기 기구 제작소를 창립했습니다. 첫 히트 상품은 어태치먼트 플러그였습니다. 모양이 현대적이고 경쟁 제품보다 30퍼센트 싼 가격이어서 평이 좋았고, 입소문을 타면서 주문이 계속 들어왔습니다. 이후 마쓰시타 전기는 새로운 상품을 내놓으며 꾸준히 성장했습니다.

마쓰시타가 개량한 어태치먼트 플러그는 입소문을 타며 인기를 얻었습니다.

특히 1923년에 발매된 '포탄형 전지식 램프'는 마쓰시타의 실용성을 보여 주는 제품이었습니다. 당시 밤에 자전거를 탈 때 대부분의 사람은 촛불을 켠 초롱이나 석유 램프를 사용했고, 두세 시간밖에 가지 않는 실용적이지 못한 제품을 사용했습니다.

그런데 마쓰시타가 만든 포탄형 전지식 램프는 수명이 40~50시간이나 될 정도로 성능이 좋았습니다. 처음에 사람들이 이 제품의 실용성을 깨닫지 못하자, 그는 제품을 무료로 빌려주고 고객들에게 인정을 받을 수 있도록 하는 현대적인 영업 방식을 활용하기도 했습니다.

일본 카도마에 있는 파나소닉 본사 전경

둘 마쓰시타 전기의 성장

1920년대는 생산 현장이나 가정에서 전기 제품에 대한 수요가 늘어나고 있는 시기였습니다. 마쓰시타 전기에서 개발한 전원 플러그의 인기 이후, 내셔널이라는 브랜드 이름을 달고 처음으로 나온 사각형의 램프가 크게 사랑받았습니다.
창업 20년도 되지 않은 1930년대 중반 종업원 수는 2,000명 규모로 커졌고 공장 수도 15개에 이르렀습니다. 제품 수도 1931년 200여 종이었지만, 1937년에는 2,000여 종에 이르렀어요. 특히 1930년대에는 라디오, 건전지, 전기 다리미 등 사업 규모가 늘어나고 다양한 제품이 왕성하게 생산되었습니다.
일본이 태평양 전쟁을 일으키고 패전하면서, 전쟁 당시 정부의 압박으로 전쟁에 필요한 물건들을 만들며 많은 빚을 진 마쓰시타 전기는 잠시 어려움을 겪었습니다. 하지만 마쓰시타와 임원들을 비롯한 종업원의 노력과 끊임없는 기술 개발로 회사는 오히려 전쟁 이전보다 더 크게 발전할 수 있었습니다.

1935년 개발된 내셔널 소켓의 광고 포스터

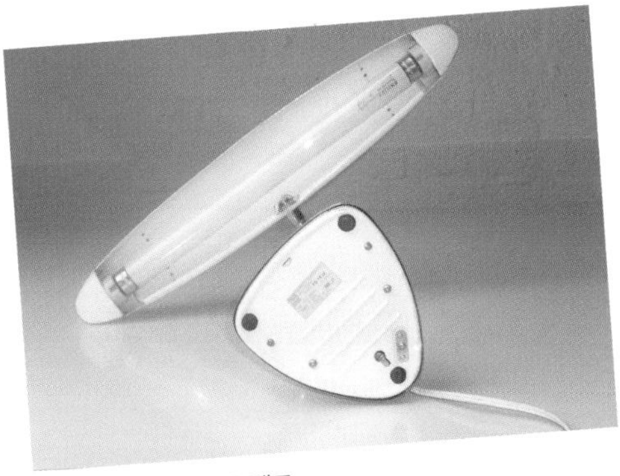
내셔널 브랜드로 나온 램프

who? 지식사전

내셔널 브랜드의 탄생

일본어 표기로 '나쇼날'이라고 불리는 내셔널 브랜드가 탄생한 것은 1925년입니다. 당시 포탄형 램프의 후속 모델인 사각형 램프를 개발하고 있던 마쓰시타는 어느 날 신문 기사에서 본 인터내셔널이라는 단어에서 영감을 얻어 '내셔널'이라는 브랜드를 만들었다고 합니다. 내셔널 상표를 단 상품 제1호는 1927년 출시된 사각형 램프입니다.

1927년 사각형 램프가 처음으로 내셔널이라는 상표를 붙이고 나왔습니다.

셋 필립스와의 제휴

PHILIPS

필립스 로고. 1891년 세워진 네덜란드의 대형 전자 제품 기업입니다.

1950년대, 유럽과 미국의 앞선 기술과 넓은 시장을 경험한 마쓰시타는 기술 개발에 더욱 힘을 쏟아 회사를 국제적인 기업으로 만들고자 결심합니다. 이를 위해 1952년 마쓰시타 전기는 필립스와 기술 제휴를 결정했는데, 계약을 체결하기까지는 우여곡절이 많았습니다. 필립스는 자본의 30퍼센트만을 투자하고 7퍼센트의 기술 지도료를 받을 것을 주장했습니다. 필립스의 선진 기술을 배우는 대가로 높은 사용료를 요구한 것입니다. 필립스의 다소 무리한 요구에 마쓰시타는 '경영 지도료', 즉 필립스가 이국적인 일본 시장에서 사업을 성공할 수 있도록 돕는 대가를 달라고 설득합니다. 마쓰시타 측의 거듭된 설득에 필립스는 결국 연간 기술 지도료를 처음 요구했던 7퍼센트에서 4.5퍼센트로 낮췄고, 마쓰시타 전기에 3퍼센트의 경영 지도료를 주기로 했습니다. 마쓰시타 입장에서 보면 기술 지도료 4.5퍼센트에서 경영 지도료 3퍼센트를 제한 1.5퍼센트만 부담하면 되는 조건이었습니다. 필립스가 마쓰시타의 경영 가치를 인정한 결과였습니다.

1971년에 만들어진 내셔널 상표를 내건 전자레인지. 필립스와의 기술 제휴 이후, 마쓰시타는 전자 회사로서 성장을 거듭했습니다.

필립스와의 제휴 결과 1952년 합작 회사인 '마쓰시타 전자 공업'이 탄생했고, 오사카 인근에 공장을 세웠습니다. 필립스와의 기술 제휴로 마쓰시타 그룹은 본격적으로 전자 제품 사업을 시작하게 되었고, 이는 기업의 성장에 중요한 역할을 했습니다. 이후 마쓰시타 전기는 일본의 경제 성장과 함께 발전했고, '파나소닉'이라는 브랜드를 만들어 일본을 넘어 전 세계에 물건을 수출하기에 이르렀습니다.

넷 마쓰시타 전기에서 파나소닉으로

2008년 10월 1일, 마쓰시타 전기는 그동안 제품 브랜드명으로 사용해 왔던 파나소닉으로 회사명을 변경했습니다. 1918년 창업 이래로 90년간 사용한 창업자 마쓰시타 고노스케의 성을 회사의 이름에서 제외한 것입니다.
마쓰시타 전기가 이런 결정을 한 것은 브랜드의 힘을 강화하고 글로벌 기업으로 성장하기 위해서입니다.
소니나 한국의 삼성 등 경쟁 업체들에 대항해 국제적인 기업 이미지와 브랜드력을 높이기 위해서는 회사명과 브랜드명을 통일할 필요가 있다고 판단했기 때문입니다.
이로써 마쓰시타 전기는 오랫동안 사용해 온 '내셔널' 브랜드는 폐기하고, 자회사나 그룹사 모두 파나소닉으로 명칭을 통일했습니다.

파나소닉 브랜드의 디지털카메라

who? 지식사전

마쓰시타 전기의 4가지 브랜드

마쓰시타 전기는 고도성장기에 네 가지 브랜드인 내셔널, 파나소닉, 테크닉스, 퀘이사를 사용하였습니다. 1925년 고유 상표로 결정된 내셔널은 오늘날까지 마쓰시타를 상징하는 단어 및 상표로서 수많은 상품에 부착되었습니다. 일본 내에서는 가전제품, 가정용 전기 시스템 등에 사용되었으며 해외에서는 아시아, 중동, 아프리카 등지에 판매되는 가전 제품에 사용되었습니다.
1955년 미국 수출용 스피커에 최초로 부착됐던 파나소닉 브랜드는 1986년부터 일본 내에서도 사용돼 왔습니다. 일본에서는 영상·음향기기, 정보 통신기기, 전자 부품 등으로 적용 범위가 제한되었으며 2003년부터는 글로벌 브랜드를 파나소닉으로 통일했습니다.
테크닉스는 국내용 고급 스피커에 처음 사용된 브랜드로써 처음에는 마쓰시타가 고급 라디오에 일괄적으로 사용하기 위해 만들었습니다.
퀘이사는 1974년 마쓰시타가 미국의 모토로라로부터 가전 기기 사업 부문을 인수하면서 부대 조건으로 모토로라의 컬러 TV 상표를 이어받은 것을 말합니다.

일본 홋카이도에 있는 삿포로 TV 타워. 시계 밑 광고에는 초창기 '내셔널(National)'이란 문구가 있었으나 2006년 '파나소닉(Panasonic)'으로 변경되었습니다.

6 세계로 도약하다

1933년, 마쓰시타 전기는 오사카의 북동쪽에 본점과 공장을 건설하고 종업원 수도 1,800명이 넘는 기업으로 성장했습니다.
안녕하십니까? 마쓰시타 전기에서 왔습니다.
아, 요즘 잘 나간다는 마쓰시타 전기 말이군.

자네 회사 사장님은 건강하신가?
네?
마쓰시타 사장이 젊은이를 대리로 보낸 거 보면 많이 바쁘신가 보군요.
제가 마쓰시타 고노스케입니다.
이런, 미안하네.
이런 실례를 하다니…….
괜찮습니다.
요즘 자네의 수도 철학이 화제더군.
수도 철학요?
마쓰시타 사장이 직접 설명해 줄 수 있겠나?

오래전 어느 무더운 여름날,
수레를 끌고 지나가던 한 남자가
어떤 집 앞에 멈춰 서서 수돗물을
마시는 걸 본 적이 있습니다.
남의 집 물을 그냥
마시는데 다들
그냥 지나치잖아?
허락 없이 마시면
안 된다고 막는 사람이
왜 하나도 없는 걸까?
그야 당연하지.
그깟 물이 얼마나 한다고.
맞습니다.
물은 굉장히 싸지요.
생산자는
생활 물자를 수돗물처럼
아주 싼 가격에 제공해
사람들에게 행복을
줘야 한다는 게 바로
제 수도 철학입니다.
젊은 사람이
대단하구먼!
역시 성공한
사업가다운
생각일세.

따르르릉!
여보세……?
사장님, 큰일 났습니다. 태풍으로 신축한 지 얼마 되지 않은 마쓰시타 전기의 본사가 손해를 입었습니다.
뭐라고?
고토, 피해 상황이 어떤가?
아주 심각합니다.
일단 현장부터 둘러보세.

신축한 지 얼마 되지 않은 공장이 이렇게 허무하게 무너질 줄은 몰랐습니다.
넘어졌으면 일어나야지.
네?
이미 벌어진 일에 대해서 떠들어 봤자 아무짝에도 쓸모 없어. 쓰러졌으면 일어나면 되는 걸세.
조그만 바람에도 날아갈 것처럼 왜소한 사람이 배짱 한번 두둑하구나. 이 시대의 거인이다!
1935년 6월 28일, 고노스케는 기자들을 불러 중대 발표를 했습니다.
7월 1일부터 마쓰시타 전기의 제품에 '정가 판매'를 실시하겠습니다.
제가 만든 '연맹점 제도'는 제조업체·대리점·소매점의 '공존공영'을 추구하는 데 그 목적이 있습니다.

마쓰시타 전기의 제품을 전국에서 같은 가격에 팔겠다고?
판매 가격을 정해 놓으면 판매점들의 반발이 심할 텐데.
정가 판매 운동은 판매점과 협력을 돈독히 하는 데 중요한 역할을 하게 될 것입니다.
판매점들의 가격 경쟁으로 인한 소비자의 피해를 줄일 수 있고, 판매점은 서비스의 폭을 넓혀 품질 향상에 더욱 집중할 수 있을 것입니다.
마쓰시타 전기에서 정가 판매를 하니, 우리가 가격을 내릴 수도 없고, 이거 참…….
서로 더 팔겠다고 싸우지 않아도 되고 좋지 뭘 그래.
마쓰시타 전기는 가격도 제품도 신뢰할 수 있어.
좋은 물건을 정당한 가격에 구입할 수 있어서 정말 좋아!

1937년 7월, 중일 전쟁이 발발한 후 일본은 수백만의 병력과 온갖 근대 무기를 동원하며 본격적인 *전시 체제에 돌입하였고 그로 인해 마쓰시타 전기도 변화를 맞이했습니다.
사장님, 우리 가족을 부탁합니다!
걱정하지 말고 부디 살아 돌아오게!
마쓰시타 전기 역시 다른 기업들과 마찬가지로 지금부터 전쟁 물자만 생산, 공급한다!
이래서는 전쟁터로 나간 직원들의 가족은 물론 남아 있는 직원들의 생계도 걱정이군.

*전시 체제: 모든 사회 조직을 전쟁 수행에 알맞도록 편성한 체제

국민을 위해 생활용품을 만들던 우리 회사가 군수품을 만들게 되다니……. 이 전쟁이 하루라도 빨리 끝나야 할 텐데…….
1945년 8월 15일, 일본은 연합국에 항복을 선언하며 8년에 걸친 전쟁에 마침표를 찍었습니다.
우리 일본은 연합국에 항복을 선언합니다!
이제 전쟁이 끝난 건가!
졸지에 패전국이 됐어.
이제 우린 어떻게 되는 거지?
미국은 또다시 일본이 전쟁을 일으키지 못하도록 주요 산업 기능을 관리하는 연합군 총사령부(GHQ)를 설치했습니다.

일본의 패전은 마쓰시타 전기는 물론 고노스케 개인에게도 큰 손해를 미쳤습니다.
남은 거라곤 군수 물자 만들 때 빌린 은행 빚뿐이에요.
군대에서 외상으로 가져간 물품 대금은 한 푼도 못 받게 됐어요.
이런 일이 한두 번인가? 쓰러지면 다시 일어나면 되지!
더 안 좋은 소식이 있습니다.
이보다 더한 소식도 있나?
GHQ가 회사의 임원들을 내보내겠답니다. 회장님도 포함되어 있습니다.
그건 회사를 해체한단 말이지 않은가?
선박과 비행기 제작에 참여한 것이 문제가 된 것 같습니다.
이럴 수가! 창고에 남은 자재로 생활필수품을 만들어 국민이 일어서는 네 도움을 주려 했건만…….

마쓰시타 전기를 돌려 달라!
고노스케 사장님을 구명하자!
마쓰시타 고노스케를 구명해 달라는 탄원서가 들어왔어.
노동조합 대부분이 자기 회사 경영자 추방을 외쳐 대는데, 구명이라니?
조합원의 93퍼센트가 서명을 했어. 언론에서도 이 사실을 보도하기 시작했고.
언론까지? 마쓰시타 고노스케가 그렇게 대단한 사람인가?
얼마 전 GHQ에 제출된 부자들의 재산 목록에서 마쓰시타만 별장이 빠져 있는 것을 보고 뒷조사를 했더니 실제로 별장을 가지고 있지 않더군.
탄원서만 봐도 얼마나 존경받는 인물인지 증명되잖아!
일본에 이런 경영자가 있었다니, 놀랍군.

1947년 5월, 많은 사람의 노력으로
마쓰시타 전기는 제한 조치에서 벗어났습니다.
회사를 살리려면 우리 모두 열심히 일해야 해.
12
1
2
3
11
몇 달 뒤.
사장님, 몸 상하실까 걱정됩니다. 들어가 쉬세요.
직원 모두 밤낮없이 일하는데 쉬다니. 직원들이 일하는데 불편함이 없는지 살펴 주게.
이렇게 물건이 많이 나간 게 얼마 만인지.
이대로라면 다시 일어서는 것은 시간문제겠어요.
아직 멀었어. 이젠 세계 시장과 경쟁해야 할 때야.
세계 시장이요?
내가 직접 최대 해외 시장인 미국을 돌아보고 오겠네.

1951년, 고노스케는 거대 시장을 개척하고자 미국에 갔습니다.
미국이라는 나라는 정말 대단하구나!
어!
저 비싼 물건이 휴게실에 있다니, 놀랍군요.
하하하! 미국에서는 텔레비전이나 냉장고는 웬만한 가정집에는 다 있는 제품이에요.
네?
그래! 내가 꿈꾸던 수도 철학이 바로 이것이다. 모든 가정에서 누구나 이용할 수 있는 전자제품을 만드는 것!

미국에서 큰 충격을 받고 돌아온 고노스케는 임원들을 불러 모았습니다.
이제 우리에겐 전기가 아닌 전자 기기 사업이 필요하다는 걸 깨달았네.
우리나라엔 아직 전자 기술을 가진 기업이 없을 텐데요?
이미 몇몇 일본 기업도 선진국의 가전제품 회사와 손을 잡았지.
그럼 우리도 대형 전자 기기 회사와 손을 잡아야겠군요.
네덜란드의 필립스와 제휴를 할 거야.
그래서 말인데, 난 이번 일을 다카하시 전무가 맡아 줬으면 하네.
제가요?
자네의 신중하고 질긴 뚝심이라면 회사의 운명이 걸린 이번 일을 잘 해낼 거라 생각하네.

네덜란드에 있는 필립스 본사로 간
다카하시는 끈질기게 교섭을 펼쳤습니다.
PHILIPS
합작 회사를 운영하기에 앞서 몇 가지 제휴 조건이 있습니다.
말씀하시죠.
우리가 기술을 알려 주는 대신 투자금의 30퍼센트만 내겠소. 또 우리에게 매출의 7퍼센트를 기술 지도료로 주시오.
어떻게 하시겠습니까?
하루만 생각할 시간을 주십시오.
30퍼센트만 내겠다면 말이 합작 회사지 우리 돈으로 공장을 짓겠다는 거잖아. 더구나 *로열티가 7퍼센트라니, 말도 안 돼.

*로열티: 상표권, 저작권 등을 사용하고 지불하는 값

어려움에 부닥친 다카하시는 고노스케에게 전화를 걸었습니다.
사장님, 필립스 측의 주장은 터무니없습니다. 이대로 계약했다가는 우리 손실이 너무 큽니다.
이번 제휴는 우리에게도 중요하지만 필립스에게도 일본 시장을 확보하는 중요한 일이기 때문에 절대 포기하지 않을 걸세. 내일 교섭 때 우리가 70퍼센트를 내겠다고 하게.
필립스 측 조건을 그대로 들어주란 말입니까?
기술 지도료를 낮춰 달라 하면 필립스 측도 어느 정도 양보할 걸세.
그렇다 해도 우리 회사로써는 손해 아닙니까?
그 대신 그들에게 경영 지도료 3퍼센트를 요구하게.
경영 지도료를 내라고 하면 그들이 들어줄까요?
자네가 경영 지도료를 내야 하는 이유를 잘 설득해 보게.
알겠습니다.

결정은
하셨습니까?
우리가
70퍼센트의
돈을 내는 데에
합의하겠습니다.
그 대신 이미 미국과 제휴를
맺은 다른 회사들과의 경쟁을
고려하여 기술 지도료는 3퍼센트로
낮춰 주십시오.
4.5퍼센트로 합시다.
더는 안 됩니다.
한 가지
더 있습니다.
또 뭡니까?
기술 지도료를
드리는 대신,
저희에게 3퍼센트의
경영 지도료를
내십시오.
경영 지도료라뇨?
일본에서 제품을
팔려면 마쓰시타 전기의
경영 방식 없이는
불가능합니다.
구체적으로 어떤
경영 방식을 말하는
건가요?

국민에게 필요한 좋은 제품을 싸게 팔아서 누구나 행복하게 만들겠다는 것이 고노스케 사장님 방식입니다.
국민의 행복을 위해 제품을 만들겠다는 회사를 믿고, 그 제안을 받아들이겠습니다.
감사합니다.
사장님께서 말씀하신 조건에 필립스와의 제휴에 성공했습니다.
수고했네.
역시 사장님이야. 난 아직도 사장님을 따라가려면 멀었구나!
그런데 필립스가 우리 조건을 받아들일 것을 어떻게 아셨습니까?
필립스 사장도 맨손으로 그 회사를 일궈 냈다고 들었네. 그런 사람이라면 물건이 아닌 믿음을 파는 진심을 알아 줄 거라 확신했다네.

1952년, 드디어 마쓰시타 전기와
필립스의 합작 회사인
'마쓰시타 전자 공업'이 탄생했습니다.
전자 사업은 앞으로 가장 성장 가능성이 큰 사업이 될 테니 두고 봐.
TV. RADIO
마쓰시타 그룹은 수많은 가전제품을 만들어 내며
일류 전자 기기 회사로 올라섰습니다.

통합 지식+ 6

마쓰시타 고노스케의 업적

하나 주 5일 근무제와 임금 5개년 계획

마쓰시타는 1965년부터 일본에서 가장 먼저 주 5일제 근무를 도입했습니다. 생산 가동률이 높은 당시에도 주 5일제 선언에 반신반의하는 사람들이 많았습니다. 당시 일본 기업이 해외 기업에 대항하여 경쟁력을 유지할 수 있었던 것은 저임금과 노동 시간이었는데, 이를 포기하는 것이었기 때문이었지요. 노동 조합조차 노동 시간이 17퍼센트나 단축되는데 노동의 대가로 받는 돈은 이전과 같다는 사실을 믿을 수가 없었습니다. 하지만 마쓰시타는 현실적으로 어렵더라도 회사와 국가 경제의 먼 장래를 생각하면 반드시 이를 시행해야 한다는 논리를 가지고 있었어요. 결국 1965년 마쓰시타 전기는 주 5일제 근무를 시행했습니다.

2002년 주 5일 근무제를 외치는 노동자의 시위 모습. 주 5일 근무제는 우리나라에서 2004년부터 본격적으로 시행되었습니다.

1967년에는 '임금 5개년 계획'을 실시하여 종업원의 임금을 대폭 인상한다는 방침이 발표되었습니다. 임금을 높이는 만큼 생산성을 높이자는 것이 마쓰시타의 생각이었습니다.

who? 지식사전

주 5일 근무제

주 5일 근무제는 1주일에 5일은 일을 하고, 2일은 쉬는 제도를 말하며 주 40시간 근무제라고도 합니다. 법정 노동 시간을 주당 40시간 이내로 한정하면, 하루에 평균 8시간씩 노동을 하게 되어 1주일에 5일만 일을 하면 되는 것입니다. 프랑스는 1936년, 독일은 1967년, 일본은 1987년부터 실시하였습니다. 그러나 2004년에 이들 3개국의 주당 근무 시간은 40시간보다 적었으며, 그 밖에 캐나다, 오스트레일리아, 네덜란드, 오스트리아, 벨기에, 중국 등도 주당 근무 시간이 40시간을 넘지 않습니다. 우리나라는 1998년 2월부터 주 5일 근무제를 추진하기 시작해 2002년 은행에 가장 먼저 도입되었고, 2004년 7월부터 단계적으로 시행에 들어갔으며, 2011년 7월 1일부터 마지막 6단계인 20인 미만 사업장까지 거의 모든 사업장에서 주 5일 근무제를 시행하고 있습니다.

둘 PHP 연구소 설립

PHP란 1946년 11월 일본에 두 번 다시 전쟁의 비운이 있어서는 안 된다는 생각에서 마쓰시타가 펼친 일종의 '행복 추구 운동'을 말합니다.

PHP의 연구 활동은 1950년 기관지 〈PHP〉의 발행을 마지막으로 중지됐다가 마쓰시타가 사장에서 물러난 1961년 다시 시작됐습니다. 1967년에는 교토에 전용 건물이 마련됐고 연구 영역도 확대됐어요. 1968년에는 출판부를 설치하여 다수의 간행물을 발간하기 시작했고 인간, 사회, 정책, 일상 생활 등 다양한 영역에서 세미나도 개최하였지요.

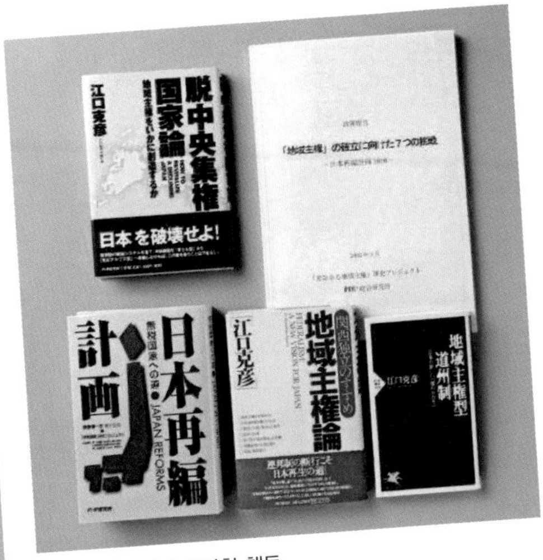

PHP 연구소에서 출간한 책들

마쓰시타는 1973년에 들어서는 일상 업무를 거의 하지 않고 저술이나 기부 활동을 하면서 PHP 연구소에서 많은 시간을 보냈습니다. PHP에서 활동하는 동안 마쓰시타는 인간과 사회, 국가에 대한 그의 생각을 기회가 있을 때마다 이야기하곤 했는데, 그러한 것들이 세간에 마쓰시타의 어록으로 전해져 오고 있답니다. 인간에 대한 마쓰시타의 어록에 담긴 중심적인 단어는 '진정한 마음'이었습니다. 인간 내면의 아름다움, 인간성을 표현하는 말이지만 여기에는 현실 세계를 바르게 보자는 의미도 들어 있습니다. 또한 PHP에서는 정부의 정책, 교육 제도 등 국가 경영 전반에 걸쳐 많은 정책을 제안하기도 했습니다.

PHP 연구소의 활동 중 하나로 마쓰시타 고노스케는 자신의 경영 철학이나 사회에 대한 생각을 정리한 책을 여러 권 냈고, 개인 자산 2억 9,100만 달러, 회사 자금 9,900만 달러를 기부하는 등 자선 활동도 하였습니다.

마쓰시타 고노스케는 PHP 연구소 활동을 통해 자신의 생각을 알리고자 했어.
who?

셋 마쓰시타 정경 학원의 설립

마쓰시타 정경 학원은 1979년 일본의 차세대 정치가 양성을 위해 마쓰시타가 사비 70억 엔을 들여 설립한 교육 기관입니다. 마쓰시타는 비전을 가진 정치가의 등장을 바랐지만, 단기간 안에는 무리가 있음을 느꼈습니다. 그래서 장기적으로 교육에 투자하여 훌륭한 정치가를 배출하려고 했어요. 이런 배경에서 마쓰시타 정경 학원이 설립되었습니다.

2011년 일본의 총리로 선출되었던 노다 요시히코 역시 마쓰시타 정경 학원 출신입니다.

마쓰시타 정경 학원은 입학하기도 힘들고, 입학을 해서 공부해야 할 과정도 까다롭습니다. 마쓰시타 정경숙은 22세에서 35세의 대졸자나 사회 경험자를 대상으로 소논문과 면접, 집단 토론 등을 통해 합격자를 선출합니다. 따로 입학금이나 수업료는 없고, 오히려 매달 생활비와 활동비를 받습니다.

마쓰시타 정경 학원에서는 리더로서 기본적인 품격을 갖추기 위해 서예, 검도, 다도 등을 의무적으로 배우며 개인이 스스로 공부하고 싶은 분야의 계획을

who? 지식사전

마쓰시타 정경 학원의 현재

2012년 12월 14일, 일본의 아사히 신문은 마쓰시타 정경학원이 지원자가 줄어들어 폐지될 위기에 있다고 보도했습니다. 과거에는 900여 명의 입학 희망자 가운데 20명 정도를 뽑았지만, 2012년 봄에는 지원자가 100여 명으로 줄면서 4명을 선발하는 데 그쳤습니다.

마쓰시타 정경학원의 인기가 시들해진 이유는 일본인들이 민주당 정권에 크게 실망했다는 점과 관련이 있습니다. 제95대 일본 총리였던 노다 요시히코, 전 외무성 장관인 마에하라 세이지와 겐바 고이치로 등 마쓰시타 정경 학원 출신 중 민주당 소속 의원들도 많기 때문입니다.

또한 마쓰시타 정경 학원의 독특한 운영 방식도 걸림돌이 되고 있습니다. 마쓰시타 정경 학원에 입학하면 생활비를 받는 대신 다른 일을 병행할 수 없으며, 졸업해도 정치가가 될 수 있다는 보장이 없습니다.

이에 마쓰시타 정경 학원은 마쓰시타 고노스케의 철학을 공부하는 시간을 늘리고, 5년에서 3년으로 줄였던 학습 기간도 다시 4년으로 늘리는 등 다양한 시도를 하고 있습니다.

세워 공부해야 합니다. 지적 능력뿐 아니라 신체적 건강을 강조하는 매우 엄격한 과정을 거쳐야 졸업할 수 있답니다.
마쓰시타 정경 학원이 세상에 널리 알려진 것은 1993년 중의원 선거에서 신당 돌풍이 불면서부터였습니다.
그때까지 정경학원 출신 국회 의원은 1명에 불과했으나 이 선거를 통해 한꺼번에 15명이나 당선되었기 때문입니다.
현재도 마쓰시타 정경 학원이 배출한 졸업생들은 다양한 정당에서 정치 활동을 하고 있습니다.

마쓰시타 정경 학원

넷 전문 경영인 체제 도입

1977년, 마쓰시타 고노스케는 사위 마사하루를 사장 자리에서 물러나게 한 뒤, 회사 고위급 인사가 아닌, 야마시타 도시히코라는 임원을 사장 자리에 앉힙니다.
당시 일본의 가전제품 시장은 성장이 점차 더뎌지고 있었는데, 마쓰시타는 야마시타가 이러한 문제를 해결할 수 있는 가장 적합한 사람이라고 판단했기 때문입니다. 이렇게 기업을 소유한 사람과 기업을 경영하는 사람이 따로 있는 경영 방식을 전문경영인 체제라고 합니다.
많은 사람들이 놀랐고, 야마시타의 급진적인 경영 방식에 대한 반대도 많았습니다. 하지만 사장 자리에 오른 야마시타는 다양한 개혁으로 정체기에 있던 회사를 성공적으로 이끌었답니다.
고노스케 세상을 떠난 지 한참 뒤인 2000년에도 나카무라 구니오라는 사내 인사가 사장으로 승진하면서 하락세이던 회사를 상승시켰다는 평가를 받기도 했습니다.

기업의 소유자가 아니라도 전문성을 갖춘 이를 최고 경영자로 세우는 것을 전문 경영인 체제라고 합니다.

7 경영의 신

1961년, 마쓰시타 전기의 직원이 2만 5천 명에 이르자 고노스케는 중대한 결심을 했습니다.
여러분의 피땀 어린 노고가 있었기에 마쓰시타 그룹이 800억 엔 이상의 자본금을 지닌 대기업으로 성장할 수 있었습니다.
이제 나는 자리에서 물러나 회사의 경영을 지켜보고 싶습니다.
사장님이 물러나신다니, 무슨 소리지?
어디 아프시기라도 한 걸까?
너무 갑작스럽군.

여보,
그간 고생하셨어요.
이제 좀 쉬셔야죠.
아니요.
*PHP 활동에
매진해 볼까 해요.
또 일을
하시겠다고요?
마쓰시타 그룹은
그동안 일본 국민에게
받은 것이 너무 많아요.
일본이 번성하여서
행복과 평화를 실현할 수 있도록
이바지하고 싶어요.
한 나라의 국민이며
사업에도 성공한 사람으로서
전쟁에서 패해 황폐해진
사회를 그냥 두고 볼 수
없어요.
나의 남은 인생을
사람답게 사는 사회를
연구하는 데 쏟아부을 수만
있다면 이것 또한 의미 있는
일이 아닐까 해요.

*PHP: '번영을 통한 평화와 행복(Peace and Happiness through Prosperity)'이라는 뜻으로 마쓰시타가 펼친 행복 추구 운동

그러나 고노스케는 사회 기여 활동에만 몰두할 수 없었습니다. 1964년, 일본 경제 성장을 이끌었던 가전제품의 판매가 시들어가자, 마쓰시타 전자 공업이 적자에 빠지게 된 것입니다.
회장님, 도와주십시오.
회장님이 필요합니다.
불경기로 제품이 안 팔리고 회사의 적자가 심각한 수준입니다.
그동안 이런 위기를 수도 없이 잘 극복하지 않았나.
무엇보다 판매점과 대리점 사장들의 불만이 많습니다.
우리의 판매 체계에 문제가 있다는 건가?
죄송합니다. 저희가 부족해서 그만…….
대리점 사장들을 직접 만나 봐야겠네.

고노스케는 대리점 사장들을 모이도록 했습니다.
사원들이 우리를 무시합니다!
상품의 디자인이 엉망이에요!
회사가 시키는 대로 하다가 손해를 봤으니, 책임은 회사가 져야 합니다.
맞아요! 회사와 관계가 끝난다 해도 이젠 겁날 것 없습니다!
우리도 참을 만큼 참았어요!
회장님이 말씀 좀 해 보세요.
회, 회장님!
헉!

회장님, 왜 이러세요?
어서 일어나세요.
여러분이 아니었다면 지금의 마쓰시타 전기도 없었을 것입니다. 판매 체계의 문제점을 개선해서 새로운 각오로 시작할 것을 약속드리겠습니다.
회장님께서 이렇게까지 하시는데…….
회장님께서 눈물까지 흘리시며 하신 약속이니 믿어 보겠습니다.
회장님을 믿고 다시 열심히 해 보겠습니다.
고맙습니다.
共存共栄
고노스케의 진심이 담긴 '아미타 회담'은 대리점들의 불만을 잠재웠고 그들의 마음을 움직였습니다.

고노스케는 곧 영업 본부장으로 현장에 복귀했습니다.
우리 회사 상품의 디자인이 엉망이라고 하던데?
텔레비전이라는 것이 브라운관과 손잡이가 있는 똑같은 구조라 아무래도 비슷한 디자인밖에는 나오질 않습니다.
자네, 전 세계의 인구가 얼마나 되는지 아나?
글쎄요?
사람의 얼굴은 전부 똑같은 구조이지만 똑같이 생긴 사람은 없어. 신은 정말 훌륭한 디자이너라고 생각되지 않나?
아!
무슨 뜻인지 알겠습니다. 디자인을 다시 검토하겠습니다.

* 어음: 일정한 금액을 일정한 날짜와 장소에서 치를 것을 약속하는 문서

회장님,
열어 보세요.
하늘로 오르는
천마상입니다.
저희 대리점 사장들의 목소리에 귀를 기울이고, 훌륭하게 상황을 회복하게 해 준 고노스케 회장님께 대한 감사의 마음입니다.
여러분의 뜻을 감사히 받겠습니다.
고노스케 회장님, 만세!
경영의 신, 만세!

고노스케는 1973년, 회장직에서 물러나서 회사 일로 잠시 멈췄던 사회 공헌 활동을 다시 시작했습니다.
이시다 사장님, 어서 오십시오.
어쩐 일로 날 보자고 했나?
상의 드릴 일이 있어서요. 안으로 들어가시지요.
병으로 형제들이 모두 세상을 떠난 뒤, 고노스케는 도요타 자동차의 사장이었던 이시다 다이조를 친형처럼 존경하며 따랐습니다.
차 맛이 좋군.
요즘 여러 가지 활동을 많이 하고 있더군.
국민에게 받은 것을 생각하면 부족할 뿐입니다.

자네의 깊은 마음에
나도 감동했다네.
금방 성과가
나지 않는다고
포기하지 말게.
마쓰시타 전기 제품들이 어떻게
세계적으로 유명한 브랜드가
되었는지 생각해 보게.
많은 시련과 실패에서 얻어진
결과이지 않은가.
세상엔
갑자기 이루어지는 건
역시 없다네.
자신이 옳다고 믿는
길을 묵묵히 가는 게
중요해.
명심하겠습니다.

이시다에 말에 힘을 얻은 고노스케는 자기 생각을 담은 책을 쓰기로 결심했습니다.
경영에 관한 책을 쓰시나 봐요?
응? 경영책이 아니네요?
이건 새로운 인간관에 대해 적은 철학책 같은 거예요.
새로운 인간관이요?
인간이란 원래 숭고하고 위대한 존재임에도 불합리한 제도에 가로막혀 있어요.
순수한 인간으로 돌아가 서로가 인간의 위대함을 깨닫고, 발전해 나아가야 한다는 것이에요.
내 생각들을 정리하고 나니 이제 죽어도 여한이 없다는 생각이 드는군요.
참, 한 가지 더 해야 할 일이 있어.

회장님, 부르셨습니까?
정치인을 기르는 정경 학원을 건립했으면 하네.
정경 학원이라뇨?
전쟁을 겪은 사람들은 알지. 국민들이 행복과 평화를 누리기 위해서는 정치가 중요해.
그런데 지금의 정치가들은 국민으로부터 존경을 받고 있지 못해.
그래서 제대로 된 교육으로 국민이 존경하고 믿을 수 있는 정치가를 만들어 낼 생각일세.
아!

1979년 6월, 고노스케는 마쓰시타 정경 학원을 세웠습니다.
제가 생각하는 국가는 모든 국민이 행복하고 평화로운 국가입니다. 이 생각을 실현할 수 있는 실제적인 방법을 연구하는 것이 제가 신입생 여러분께 드리는 숙제입니다.
상식에 사로잡히지 말고 독창성을 소중히 여기십시오!
이상을 현실로 만들었어!
대단한 사람이군!
이후 정경 학원은 고노스케가 생각했던 대로 많은 정치인을 배출하는 기관으로 자리 잡게 되었습니다.

1980년대 중반 고노스케의
건강이 나빠지기 시작했습니다.
쿨럭쿨럭!
아버님, 힘을 내세요.
어서 일어나셔야죠.
나는 할 일을 다 했네.
아닙니다, 회장님. 아직도 회사에는 회장님이 필요해요.
앞으로 PHP 운동은 자네들에게 맡기겠……, 쿨럭쿨럭, 쿨럭…….
회장님, 빨리 일어나셔서 일본에 희망을 주세요.
선생님, 어서!

1989년 4월 27일,
경영의 신 마쓰시타 고노스케는
평화롭게 눈을 감았습니다.

TV.
평생을 직원들의 복리 후생과 산업 환경의 개선에 힘썼으며, 기업이 단순한 '돈벌이'가 아닌 사람들의 행복 증진에 이바지해야 한다는 '수도 철학'의 이념을 실천한 마쓰시타 고노스케. 그는 지금까지도 '경영의 신'으로 불립니다. 2008년, 그가 세운 '마쓰시타 전자 공업'은 세계적으로 인지도가 높은 자사 브랜드로 이름을 바꾸었습니다. 바로 우리에게도 잘 알려진 '파나소닉'입니다.

누군가 나에게
성공의 비결을 묻는다면 나는
첫째, 부유하지 못했고,
둘째, 건강하지 못했고,
셋째, 배우지 못했기 때문이라고
말할 것입니다.
가난했기 때문에 어린 시절부터
세상살이의 필요한 경험을 쌓았고,
허약한 나 자신을 극복하기 위해
노력했으며, 학교를 제대로
마치지 못했기 때문에 모두에게
배우려는 긍정적인 자세를
가지고 살았습니다.

who?와 함께라면 미래가 보인다

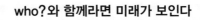

어린이 진로 탐색

CEO

어린이 친구들 안녕?
마쓰시타 고노스케 이야기 재미있게 읽었나요?

그렇다면 이제부터
마쓰시타 고노스케가 꿈을 키워 가는 과정을 함께 되짚어 보며
그가 활동한 분야와 그 분야에 속한 다양한 직업에 대해
살펴봐요!

또한 여러분에게는 어떤 장점과 적성, 가능성이
숨어 있는지 찾아보면서
그것을 어떻게 진로와 연결시킬 수 있는지에 대해서도
알아봅시다!

그럼 지금부터
여러분이 멋진 꿈을 향해 나아갈 수 있도록 도와줄
진로 탐색을 시작해 볼까요?

자기 이해부터
진로 체험까지,
다양한 진로 탐색
활동을 시작해 봐요!

진로 탐색 STEP 1

칭찬받았던 일이 있나요?

어린 시절, 마쓰시타 고노스케는 어려운 집안 살림에 보탬이 되기 위해 자전거 가게에서 일했어요. 한번은 손님에게 약속한 만큼 할인을 해 주지 못하게 하는 가게 주인을 끈질기게 설득했는데, 이 모습을 본 손님은 고객과의 약속을 지키고자 하는 고노스케를 칭찬했어요. 그리곤 할인되지 않은 가격에도 자전거를 사갔지요. 이 일로 고노스케는 '신뢰를 쌓아 사람을 얻는다.'라는 상인의 도리를 배웠어요.
여러분도 다른 사람으로부터 칭찬을 받은 일이 있나요? 칭찬을 받았던 이유는 무엇이고, 그 일을 통해 어떤 점을 배웠는지 함께 적어 보세요.

칭찬을 해 준 사람	
칭찬을 받았던 이유	
그 일로 내가 배운 점	

진로 탐색 STEP 2

관심이 가는 분야와 관련 직업은?

자전거 가게에서 일하던 마쓰시타 고노스케는 많은 사람들이 전차를 이용하는 모습을 보았습니다. 고노스케는 '앞으로는 전기의 시대가 올 거야! 시대에 뒤처지지 않기 위해선 전기에 관해 배워야 해!'라고 생각했고, 곧 오사카 전등 회사에 취직했습니다.

고노스케가 전기에 관심을 가졌듯이, 여러분도 특별히 관심이 가는 분야가 있나요? 그 분야는 무엇인지 적어 보고, 그것과 관련된 직업은 어떤 것들이 있는지 알아보세요.

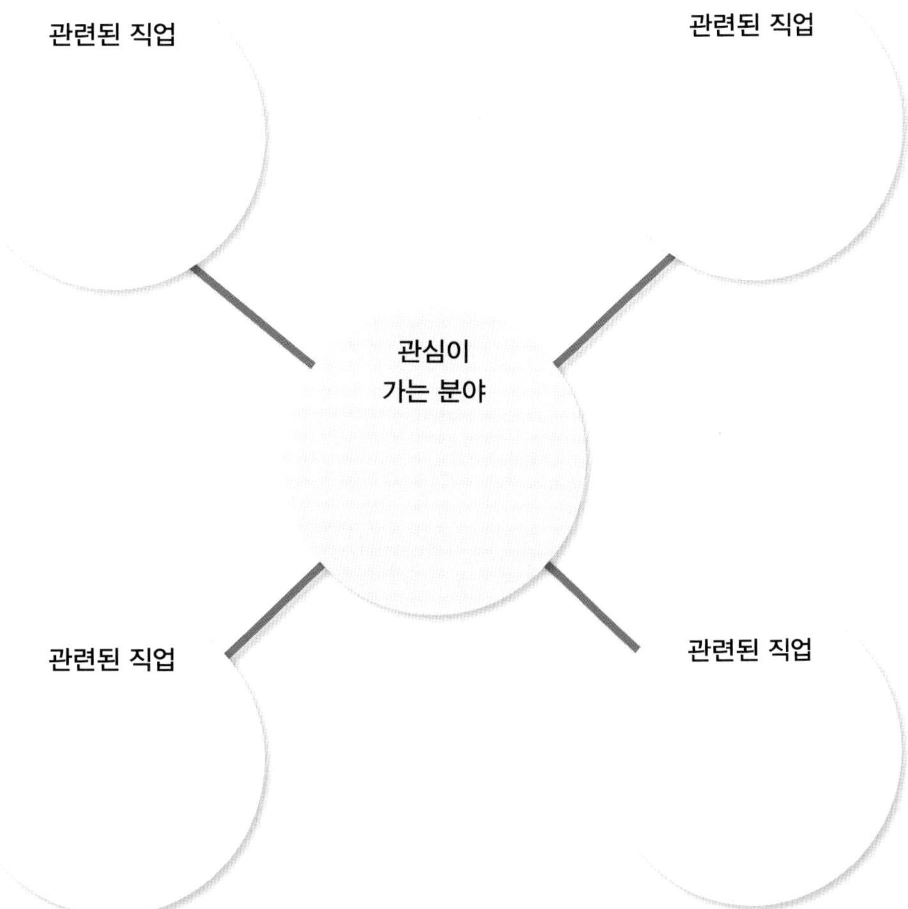

진로 탐색 STEP 3

어떤 회사에서 만든 물건인가요?

우리는 평소에 참 많은 물건을 쓰며 살아가지요. 그만큼 물건을 만드는 회사도 많답니다. 여러분이 쓰고 있는 물건은 어떤 회사에서 만든 것인지 생각해 본 적 있나요? 누구나 다 알고 있는 큰 회사일 수도 있고, 처음 들어 보는 작은 회사일 수도 있겠지요. 한번 알아볼까요?

물건	텔레비전
제조 회사	

물건	
제조 회사	

물건	책가방
제조 회사	

물건	
제조 회사	

물건	운동화
제조 회사	

물건	
제조 회사	

진로 탐색 STEP 4

회사 안에는 어떤 부서가 있을까요?

마쓰시타 고노스케는 CEO(최고 경영자)로서 회사를 이끌었어요. 물론 고노스케가 회사 안의 모든 일을 혼자서 다 한 것은 아니에요. 눈에 띄지는 않아도 회사에는 많은 직원들이 일하고 있답니다. 정부에 외교부, 교육부, 경제부가 있듯이 회사 안에도 여러 부서가 있어요. 각 부서에 속한 직원들은 그 부서에 주어진 일들을 열심히 해내지요.

회사를 이루는 부서에는 어떤 것들이 있을까요? 보기에서 알맞은 부서의 이름을 골라 적어 보세요.

1. 소비자들이 좋아할 만한 새로운 상품을 만듭니다.

2. 회사 직원들이 각자 능력을 잘 발휘할 수 있도록 관리합니다.

3. 회사가 만든 상품이 소비자들에게 잘 팔릴 수 있도록 활동합니다.

4. 회사의 상품을 만들어 내고 불량이 없는지 검사합니다.

보기

① 인사부 ② 마케팅부 ③ 생산부 ④ 개발부

정답: 1. ④ 2. ① 3. ② 4. ③

진로 탐색 STEP 5

내가 CEO가 된다면?

마쓰시타 고노스케는 물건에 어떤 문제가 있는지, 사람들이 어떤 점을 불편해 하는지 알아 내고, 그 점을 개선한 물건을 만들었어요. 그렇기 때문에 소비자들로부터 좋은 반응을 얻을 수 있었지요.
여러분이 CEO가 된다면 어떤 물건을 만들어 팔지 아이디어를 내 보세요. 좀 더 나은 물건일 수도 있고, 완전히 황당하고 재미난 물건일 수도 있겠지요.

* 물건의 이름

---

* 물건의 쓰임새

---

* 물건의 모습을 그려 보아요.

진로
체험

안산산업역사박물관을 방문해요!

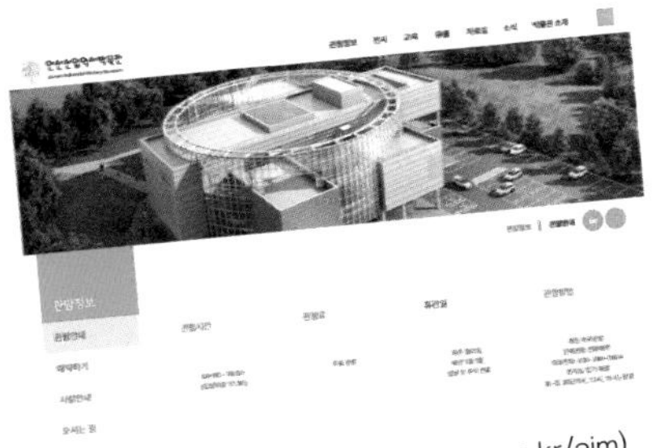

안산산업역사박물관 홈페이지(ansan.go.kr/aim)

일제 강점기와 6·25 전쟁을 거친 우리나라는 세계에서 가장 가난한 나라 중 하나였어요. 하지만 그 후 눈부신 경제 성장을 기록해 현재는 세계적인 경제 대국의 반열에 올랐지요. 산업역사박물관은 수도권 최대 산업 단지인 반월 · 시화국가산업단지의 의미와 역사를 담은 복합 문화 공간입니다. 전시관은 크게 '산업과 도시', '산업과 기술', '산업과 일상'이라는 주제를 담은 상시 전시실 세 곳으로 구성되어 있어요. 직접 체험해 볼 수 있는 VR 체험 공간, 산업 역사에 대해 배울 수 있는 교육실 등도 갖추고 있습니다. 체험 시설인 '4D영상실'과 'VR체험실'은 홈페이지에서 예약하여 이용할 수 있어요.

사람들은 과거를 통해 현재를 배우고 미래를 준비하지요. 1만 여 점의 산업 유물이 전시되고 도시 발전을 함께한 시민들의 이야기가 기록된 안산산업역사박물관은 과거와 현재, 미래를 잇는 배움터가 되고 새로운 성장 가능성을 찾는 곳이 될 거예요. 안산산업역사박물관에서 우리나라의 산업 역사를 만나 보고 CEO의 꿈을 키워 보세요.

관람 안내

* **개관 시간: 09:00~18:00 (매주 월요일, 매년 1월 1일, 설날 및 추석 연휴** 휴관)
* **주소:** 안산시 단원구 화랑로 265
* **관람료:** 무료

연표 마쓰시타 고노스케

1894년		11월 27일, 와카야마현 와사무라에서 태어났습니다.
1899년	5세	아버지가 쌀 투기에 실패해서 가세가 기웁니다.
1904년	10세	소학교를 중퇴하고 오사카의 화로 가게에서 고용살이를 시작합니다.
1905년	11세	고다이 자전거 상점으로 옮겨 장사를 배웁니다.
1910년	16세	오사카 전등 회사에 들어갑니다.
1915년	21세	어머니가 돌아가십니다. 이우에 무메노와 결혼합니다.
1917년	23세	회사를 떠나 개량형 소켓을 만드는 사업을 시작합니다.
1918년	24세	마쓰시타 전기 기구 제작소를 창립합니다.
1921년	27세	딸 사치코가 태어납니다.
1923년	29세	포탄형 자전거 램프가 성공을 거둡니다.

1927년	33세	내셔널 브랜드의 첫 상품인 사각형 전등을 내놓았습니다.
1929년	35세	경제 위기에도 직원들을 해고하지 않고 판매에 집중해서, 위기를 극복했습니다.
1933년	39세	마쓰시타 전기 본사를 옮깁니다.
1943년	49세	일본 정부의 명령으로 전쟁에 쓰일 선박과 비행기를 만듭니다.
1946년	52세	일본의 패전으로 회사가 연합국의 간섭을 받아 쫓겨날 위기에 놓였으나, 직원들의 탄원으로 자리를 지킵니다.
1952년	58세	필립스와 기술 제휴를 맺습니다.
1973년	79세	회사 회장에서 물러납니다.
1979년	85세	마쓰시타 정경 학원을 설립합니다.
1989년	95세	마쓰시타 기념 병원에서 세상을 떠납니다.

찾아보기

who? 한국사

초등 역사 공부의 첫 단추! '인물'을 알아야 시대가 보인다

● 선사·삼국 ● 남북국 ● 고려 ● 조선

01 단군·주몽
02 혁거세·온조
03 근초고왕
04 광개토 대왕
05 진흥왕
06 의자왕·계백
07 연개소문
08 김유신
09 대조영
10 원효·의상
11 장보고
12 최치원
13 견훤·궁예
14 왕건
15 서희·강감찬
16 묘청·김부식
17 의천·지눌
18 최충헌
19 공민왕
20 정몽주
21 이성계·이방원
22 정도전
23 세종 대왕
24 김종서·세조
25 조광조
26 이황·이이
27 신사임당·허난설헌
28 이순신
29 광해군
30 김홍도·신윤복
31 정조
32 김만덕·임상옥
33 정여립·홍경래
34 박지원
35 정약용
36 최제우·최시형
37 김정호·지석영
38 전봉준
39 김옥균
40 흥선 대원군·명성 황후
41 허준
42 선덕 여왕
43 윤봉길
44 안중근
45 유관순
46 을지문덕
47 홍범도

※ who? 한국사(전 47권) | 대상 초등학교 전 학년 | 책 크기 188×255 | 각 권 페이지 190쪽 내외

who? 인물 중국사

인물로 배우는 최고의 역사 이야기

01 문왕·무왕
02 강태공·관중
03 공자·맹자
04 노자·장자
05 한비자·진시황
06 유방·항우
07 한 무제·사마천
08 조조·유비
09 제갈량·사마의
10 왕희지·도연명
11 당 태종·측천무후
12 현장 법사
13 이백·두보
14 왕안석·소동파
15 주희·왕양명
16 칭기즈 칸
17 주원장·영락제
18 정화
19 강희제·건륭제
20 임칙서·홍수전
21 증국번·호설암
22 서 태후·이홍장
23 캉유웨이·위안스카이
24 쑨원
25 루쉰
26 장제스·쑹칭링
27 마오쩌둥
28 저우언라이
29 덩샤오핑
30 시진핑

※ who? 인물 중국사(전 30권) | 대상 초등학교 전 학년 | 책 크기 188×255 | 각 권 페이지 190쪽 내외

who? 아티스트

최고의 명작을 탄생시킨 아티스트들을 만나다

● 문화·예술·언론·스포츠

01 조앤 롤링
02 빈센트 반 고흐
03 월트 디즈니
04 레오나르도 다빈치
05 오프라 윈프리
06 마이클 잭슨
07 코코 샤넬
08 스티븐 스필버그
09 루트비히 판 베토벤
10 안토니 가우디
11 김연아
12 오드리 헵번
13 찰리 채플린
14 펠레
15 레프 톨스토이
16 버지니아 울프
17 마이클 조던
18 정명훈
19 한스 크리스티안 안데르센
20 미야자키 하야오
21 강수진
22 마크 트웨인
23 리오넬 메시
24 이사도라 덩컨
25 앤디 워홀
26 백남준
27 마일스 데이비스
28 안도 다다오
29 조지프 퓰리처
30 프리다 칼로
31 우사인 볼트
32 조성진
33 마리아 칼라스
34 오귀스트 로댕
35 오리아나 팔라치
36 프레데리크 쇼팽
37 시몬 드 보부아르
38 존 레넌
39 밥 말리
40 파블로 피카소

※ who? 아티스트(전 40권) | 대상 초등학교 전 학년 | 책 크기 188×255 | 각 권 페이지 190쪽 내외

who?
인물 사이언스
스티브 잡스

who?
세계 인물
버락 오바마

FAKER
페이커
who? special
이강인